MW00737137

COMMENT ÊTRE
« SOCIALISTE-CONSERVATEUR-LIBÉRAL »

LESZEK KOLAKOWSKI

Comment être
« socialiste-conservateur-libéral »

Credo

Préface d'Alain Besançon

2e tirage

PARIS
LES BELLES LETTRES
2017

www.lesbelleslettres.com

Retrouvez Les Belles Lettres sur Facebook et Twitter

ISBN : 978-2-251-44681-3

Adieu à Kolakowski

par Alain Besançon

Comme tous les pays tombés sous le communisme soviétique, la Pologne a eu ses dissidents. Certains se sont distingués par leur profondeur, Czeslaw Milosz, Heerling Gruzinski, Alexandre Wat, etc. Mais surtout la Pologne a été capable d'une pensée philosophique à la hauteur de ce qu'il y avait de plus intelligent en Occident, capable donc de traiter d'autre chose que des horreurs communistes, d'entrer de plain-pied dans la pensée contemporaine. Le plus brillant de ces philosophes a été Leszek Kolakowski.

Il est né en 1927 à Radom, ville que j'ai traversée dans les années soixante-dix et qui m'a paru lugubre entre toutes les villes de la Pologne des années noires. Pendant la guerre, il ne fut pas déporté comme tant d'autres en Sibérie, il ne fréquenta pas l'école parce qu'il n'y en avait plus, sauf de temps en temps l'école clandestine organisée par la Résistance, et il lut toutes sortes de livres avec l'aisance que lui procurait sa précoce intelligence. Il soutint en 1953 une thèse sur Spinoza et il fut nommé professeur d'histoire de la philosophie à l'Université de Varsovie. Il croyait alors au témoignage de son ami Baczko, que le danger principal que courait la libre philosophie était de tomber sous les forces régressives de la religion et de l'extrême droite. Il devint membre du Parti communiste. Il *comprit*, comme le meilleur de sa génération, en 1956, l'année du rapport Khrouchtchev et du premier soulèvement de la Pologne.

Il faut remarquer que les esprits brillants de cette génération sortaient presque tous du communisme qui les avait séduits un moment et dont ils purent, grâce à ce court passage, analyser rétrospectivement la perversité. Bronislaw Baczko, Crzysztow Pomian, Bronislaw Geremek sont les plus connus en France de cette bande remarquable. Ils ne devinrent pas des hommes de droite, ni des nationalistes polonais mais ils élaborèrent une position qu'il faut qualifier, en profondeur, de *libérale*. Anticommunistes, certes, sans la moindre concession, mais considérés plutôt centre gauche sur l'échiquier politique actuel de leur pays.

À partir donc de 1956 Kolakowski lutta pour la liberté de pensée, pour la liberté politique, pour toutes les formes de liberté. Ensuite il connut la vie errante des intellectuels exilés de haut rang, allant de grandes universités en grandes universités, McGill, Berkeley, Chicago. Je ne sache pas qu'on lui ait offert en France un poste à sa mesure. *All Souls*, à Oxford, le reçut au nombre de ses *fellows*, et il se fixa en Angleterre. Il reçut tous les honneurs possibles. Il fut choisi pour les *Jefferson lectures*, il fut le premier récipiendaire du prix Kluge, décerné par la Bibliothèque du Congrès. Cependant, l'exil reste l'exil, l'exil amer. Il revint souvent enseigner en Pologne après 1990, mais il resta à Oxford.

Leszek Kolakowski a écrit une œuvre extraordinairement abondante et variée. Pas loin de trente livres et de très nombreux articles. C'est après 1956, une fois qu'il fut sorti de l'incarcération idéologique, que son talent a pu se déployer.

Il a payé le prix de sa libération en écrivant son monumental *Main Currents of Marxism*, en trois volumes. Il montre d'une part la nullité philosophique de cette pensée, et d'autre part il insiste sur sa logique et sa continuité. Les inepties inénarrables de Lénine et de Trotski découlent bien de Marx. Il n'y a pas de rupture entre les uns et les autre, contrairement à ce qu'affirment ceux qui ont honte de ce qu'est devenue la pensée léniniste. Bien qu'à l'état décomposé, le marxisme soviétique est bien du marxisme. Le troisième volume de cette somme, malgré les efforts de plusieurs, n'a pas été traduit en français, et c'est bien dommage parce que c'est dans ce troisième volume qu'il traite de Lénine et de Trotski qui ont encore, comme on sait, des disciples fidèles et enthousiastes dans notre pays. L'ouvrage est d'une clarté lumineuse. Quand on l'a lu de bonne foi, l'affaire est réglée.

La réflexion du très jeune Kolakowski a commencé par une enquête sur la religion dans ses relations éventuelles avec les croyances idéologiques du siècle. Toute sa vie il a continué cette réflexion. En s'éloignant progressivement de ses positions initiales il a approfondi le thème. Il a commencé par une somme, traduite en français, *Chrétiens sans Église : la conscience religieuse et le lien confessionnel au XVIIᵉ siècle*. C'est une vaste enquête dans l'univers compliqué des mouvements dissidents du catholicisme et du protestantisme de cette époque. Le livre est savant, brillant, mais la pensée se cherche encore. Elle se précise avec un admirable Pascal : *Dieu ne nous doit rien : brève remarque sur la religion de Pascal et l'esprit du jansénisme*. Il faut lire aussi *Religion: If There Is no God* qu'il écrivit directement en anglais et qui synthétise l'état de sa pensée en 1984. Il continua d'évoluer. Proche ami de Jean-Paul II, il vint souvent à Castel Gandolfo. Mais, à ma connaissance, s'il n'a cessé de se rapprocher de la religion, c'est de façon asymptotique et il a jusqu'au bout gardé la distance critique. Ce qui ne diminue en rien la pertinence de son propos. Il a souhaité un enterrement religieux.

S'il faut à tout prix placer Kolakowski dans une tradition philosophique, il me semble que c'est dans la tradition sceptique. Il a écrit d'admirables textes sur Hume. Il a une affinité manifeste avec le XVIIIᵉ siècle européen, précisément anglais et français. Même rapidité, même limpidité, même faculté, portée très haut chez lui, d'être à la fois léger et profond. Je me souviens de la nuit où j'ai lu sans pouvoir m'en détacher son tout dernier livre : *Why Is There Something Rather Than Nothing* (2007), admirablement traduit, dans l'anglais le plus pur, par sa fille Agneszka. Il passe en revue les vingt ou trente « grands philosophes », depuis Parménide jusqu'à Husserl et aux contemporains. Il résume en quelques pages ce qu'ils ont vraiment voulu dire, leur fond, leur intuition mère, l'essence de leur philosophie. Puis, en une page ou deux, il fait voir leur talon d'Achille, leur limite, à cause de quoi aucun d'eux, malgré son ambition, malgré la hauteur de son effort, n'a pu mettre un point final à la philosophie. La virtuosité est étourdissante. Il faut être un très grand professeur pour atteindre cette aisance, pour se promener avec cette agilité dans la forêt des systèmes, et aussi un grand écrivain très spirituel et très drôle. Une merveille.

En Pologne, Kolakowski n'est pas considéré seulement comme un philosophe, mais comme un écrivain. La Pologne était un pays où la noblesse (les *magnats*, la *szlachta*) était très nombreuse et donnait sa marque au pays. On y prisait l'élégance. Kolakowski, dans ses innombrables articles, dont *Commentaire* publia l'un des plus célèbres et des plus sages, était un homme d'esprit particulièrement élégant. Il aurait dû plaire au public français, si celui-ci avait encore gardé le ton de Voltaire ou de Diderot. Mais justement il ne l'avait pas gardé, et le style limpide de ce Polonais, si éloigné du jargon philosophique parisien, joint à son anticommunisme et à son libéralisme, n'avait rien pour plaire à nos « intellectuels ».

On me permettra ici d'évoquer sa distinction physique, parce que je l'ai côtoyé depuis trente ou quarante ans en qualité d'ami – un ami bienveillant pour mes écrits et pour ma personne, ce qui me faisait beaucoup d'honneur. Il était long et fin, avec un type nettement polonais, le teint et les cheveux clairs, les yeux bleu très pâle. Sa santé était fragile. Je crois qu'il avait eu, jeune, une tuberculose osseuse et il ne quittait pas sa canne, sa célèbre canne en plexiglas que je n'ai vue à personne d'autre. De plus, à Oxford, il était passé sous un autobus, ce qui n'avait pas arrangé les choses. Il y a peu d'années, à Vienne, il m'avait paru si épuisé après son discours que j'avais été inquiet et que j'avais appelé son épouse. En 2008, j'ai participé à l'hommage que lui rendaient ses amis à *All Souls*, pour son quatre-vingtième anniversaire. Il était presque aveugle et ne pouvait plus lire, mais il était heureux, serein, toujours avec cette même distinction d'allure. Je l'ai encore revu à Varsovie en mai 2008. Il me parut alors aller mieux. Il s'en est allé, le 17 juillet de cette année, l'un des derniers de sa génération. Le dur faucheur avance, « pensif et pas à pas vers le reste du blé ».

À travers des ruines mouvantes

L'euphorie, quelle qu'en soit la cause, est toujours de brève durée. L'euphorie « post-communiste » s'est dissipée et la sensation prémonitoire de dangers imminents se renforce. Le monstre est en train de mourir, à sa façon, monstrueuse. Verrons-nous un autre monstre prendre sa place, une suite de combats sanglants s'instaurer entre les divers survivants ? Combien de pays nouveaux émergeront de ce chaos et que seront-ils : démocratiques, dictatoriaux, national-fascistes, religieux, civilisés, barbares ? Des millions de réfugiés, fuyant guerre et famine, vont-ils envahir l'Europe ? Chaque jour, les journaux sont pleins de sinistres avertissements, beaucoup sont signés de personnes averties. Une seule chose est sûre : rien n'est certain, rien n'est impossible.

Prévoir l'imprévisible

Dire que « rien n'est certain », c'est évoquer cette certitude modeste, accessible à l'être humain – ce que Descartes qualifiait d'« assurance morale » –, et non cette certitude parfaite qui se situe au-delà des capacités humaines. Les scientifiques savent aujourd'hui que, dans divers processus naturels, de minuscules événements peuvent déclencher, de façon imprévisible, des changements catastrophiques de grande échelle et des résultats « imprévisibles ». Pour les prévoir, il ne suffit pas d'une connaissance plus approfondie des circonstances initiales. Il faudrait disposer de ce savoir absolu que seul l'esprit divin peut posséder.

Les processus historiques sont ainsi. Les « lois de l'histoire » et la fatalité historique sont des impostures hégéliano-marxistes. Aucune nécessité historique n'a présidé à la victoire à Marathon d'une infanterie athénienne plus faible sur la puissante armée perse. Si les Grecs avaient été vaincus – comme tout observateur extérieur a dû logiquement l'escompter –, l'histoire de l'Europe telle que nous la connaissons actuellement n'aurait pas existé. Aucune loi de l'histoire n'a permis à Mahomet d'échapper à la mort avant qu'il ne s'enfuie à La Mecque ; aucune loi de l'histoire n'a investi Martin Luther, moine obscur d'une bourgade de province, du pouvoir d'ouvrir le débat de savoir qui est habilité à pardonner les péchés. Il n'y avait aucune fatalité dans le succès de la révolution bolchevique : en fait, ce fut la coïncidence imprévisible de quantité d'accidents qui assura sa victoire ; rien d'inévitable non plus dans la défaite de l'Armée rouge par les Polonais en 1920 et, partant, son incapacité à conquérir l'Europe ; rien d'inévitable encore dans l'établissement de la dictature hitlérienne en Allemagne. Ces formidables événements historiques furent le fruit du hasard ou, si l'on préfère, d'une intervention miraculeuse de la Providence.

On peut rétrospectivement trouver le germe de ces miracles dans le déroulement des événements qui les ont précédés ; de telles explications sont faciles ; raisonnablement, il faut reconnaître qu'aucun de ces événements n'était « miraculeux » au point d'avoir pu se produire n'importe quand, n'importe où et dans n'importe quelle circonstance. Les circonstances, toutefois, les ont rendus possibles, mais nullement fatals. On discerne souvent certaines « tendances » dont on s'attend à ce qu'elles culminent un jour en une catastrophe (dans le sens original de « bouleversement », parfois destructeur, parfois bénéfique), lorsque la trajectoire d'un mouvement est subitement interrompue. Mais il est impossible – sauf, quelquefois, à très court terme – de prédire le caractère, le rythme ou le calendrier de cette rupture. Bien entendu, dans la plupart de nos actes, consciemment ou non, nous nous livrons à des prédictions ; et, le plus souvent, nous ne sommes pas démentis par les faits. Nous supposons naturellement que demain sera assez semblable à aujourd'hui ; c'est, en fait, la manière la plus sûre de parcourir l'existence. Le plus souvent d'ailleurs, demain est effectivement très semblable à aujourd'hui : le soleil se lève, il ne neige pas l'été.

Certes, nombreux furent ceux qui prédirent l'effondrement de l'empire soviétique et dont la prévision s'est révélée exacte. Étaient-ils pour autant particulièrement avisés ou meilleurs prophètes que ceux qui pensaient que l'U.R.S.S. durerait indéfiniment ? L'auteur du présent article, qui s'est livré à de telles prévisions à plusieurs reprises, en termes très généraux, mais sans jamais s'avancer jusqu'à prédire ni le moment ni le rythme, pose ces questions-là sans qu'on puisse prétendre qu'il cherche à se justifier. Il pourrait tout au plus se vanter de faire partie des prophètes crédibles ; certes, ses prédictions se sont confirmées, mais sur quoi s'était-il fondé pour les formuler ? Dire simplement que tous les précédents empires se sont tôt ou tard écroulés est inutile, dénué de sens, dès lors que certains se sont solidement maintenus pendant des siècles. Bien sûr, on pouvait relever (et on ne s'en est pas privé) un certain nombre de tensions graves – de problèmes insolubles – qui affaiblissaient et rongeaient la tyrannie soviétique multinationale : une inefficacité économique criante ; la pauvreté persistante de la population ; des passions nationalistes ; une crise de légitimité qui s'est manifestée une fois que l'idéologie dominante a perdu les derniers vestiges de sa vitalité ; le fossé qui allait s'élargissant entre la technologie des pays du « vrai socialisme » et celle des États démocratiques ; divers symptômes de renaissance culturelle et religieuse.

Mais aucun des faits, aucune des tendances qu'on pouvait observer – pas plus que l'ensemble de ces faits et de ces tendances réunis – ne pouvait justifier une prévision sur l'avenir immédiat. Là où il y a déclin, on peut s'attendre à ce que la mort survienne un jour, mais personne ne peut savoir quelles sont les forces qui permettent au corps vieillissant de résister avant de devenir cadavre. Comme le dit un vieux dicton, personne n'est si âgé qu'il ne puisse survivre un an de plus. Certains peuples ont vécu dans la misère pendant des décennies : pourquoi pas durant quelques décennies de plus ? Les passions nationales ont toujours existé, mais la russification a réussi à progresser tout de même. L'idéologie communiste était mourante, mais n'était-il pas possible de maintenir le despotisme sans idéologie ? L'écart technologique ne cessait de croître, mais l'armée et la police semblaient intactes et techniquement qualifiées. La « dissidence » existait, mais ce mouvement ne touchait pas plus que quelques douzaines d'individus et était presque complètement éradiqué par la persécution. Beaucoup ont raisonné de cette façon ; le cours des événements les a démentis. Pourquoi avons-nous eu raison, « nous », et ont-ils eu tort, « eux » ? Parce qu'ils ont fondé leurs prévisions sur le principe le plus sain, celui qui dit que demain sera très semblable à aujourd'hui ; « nous » avions de bonnes raisons de faire un pari apparemment plus risqué et nous avons gagné. Pourquoi ?

Brève histoire du communisme

La volonté de puissance totalitaire a survécu à la mort de Staline, mais en dépit de toutes ses régressions et de toutes ses volte-face, son efficacité et sa capacité d'imposer l'asservissement se sont progressivement affaiblies. Tout régime tyrannique, soudain rendu honteux des exécutions en masse, qui cherche à les remplacer par la terreur sélective, est condamné. Il était devenu impossible de continuer à pratiquer le génocide comme ce fut le cas sous le règne de Joseph Vissarionovitch, époque où toutes les couches de l'appareil dirigeant, y compris les personnalités les plus élevées et les plus privilégiées, avaient été touchées. Pour préserver la sécurité des dirigeants, il fallait accepter un contrôle des dirigés plus relatif et plus fragile, à condition qu'ils acceptent d'être obéissants, passifs et ignorants et qu'ils ne tentent pas de se révolter. Le minimum de sécurité morale vint s'ajouter à une sécurité physique accrue.

Un petit exemple illustrera cette évolution. Quand je me rendis à Moscou en octobre 1990, un ami russe attira mon attention sur un simple fait dont l'importance m'avait précédemment échappé. On savait que, du temps de Khrouchtchev, un programme de construction de logements, de relativement grande envergure, avait été mis en œuvre dans les grandes villes ; ainsi un grand nombre de Soviétiques purent bénéficier de logements familiaux. Si réduits en dimensions et en normes de confort qu'ils fussent, ces appartements assuraient à leurs locataires une aire d'intimité, un petit coin pour respirer. Mon ami russe m'expliqua que, sans ces logements, certes modestes, mais individuels, aucun mouvement d'opposition n'aurait été possible. Quelle bêtise de la part de Khrouchtchev ! Entassés comme des sardines dans de misérables baraques pour ouvriers ou dans de minuscules appartements partagés par plusieurs familles qui se haïssaient les unes les autres, ne cessaient de s'espionner mutuellement, se bousculaient sans arrêt et étaient privées de tout moment d'intimité, les gens ne risquent guère de penser à autre chose qu'à leur survie. L'amélioration des conditions d'existence s'avéra politiquement dangereuse. Loin d'apaiser la population et de la rendre plus docile, comme l'escomptaient certains soviétologues, ces mesures ouvrirent peu à peu un espace propre à la réflexion critique et, en fin de compte, à la rébellion. Réduire un peu la misère la rend plus pénible ; cela libère l'énergie de la révolte. Beaucoup d'observateurs (et de nombreux experts) l'ont appris en étudiant l'histoire.

Les rebelles soviétiques les plus actifs et les plus téméraires des années soixante furent envoyés en camp de concentration et en prison psychiatrique, ou contraints à l'exil ; certains furent exécutés. Beaucoup d'experts poussèrent alors un soupir de soulagement : nous l'avions bien dit, ce n'étaient qu'une poignée d'illuminés, demain sera semblable à aujourd'hui. Il n'en fut pas ainsi ; l'intelligentsia soviétique ne devait plus jamais perdre ce qu'elle avait gagné (ou regagner ce qu'elle avait perdu) : la vacuité ridicule de l'idéologie marxiste-léniniste fut dénoncée et spectaculairement étalée aux yeux de tous.

Que dire des révoltes et des soulèvements répétés à la périphérie de l'empire ? À nouveau les experts balayèrent ceci d'un revers de main : toute cette agitation était dénuée de sens ; ne savait-on pas de combien de chars disposait l'Armée rouge et quel était le nombre de ceux que pouvaient déployer la Pologne et la Hongrie ? Et toutes les troupes, et tous les avions ? Combien de jours imaginait-on que le stock d'essence durerait en Pologne ? Les experts lisaient des journaux pleins de comptes rendus de rapports de la C.I.A. sur les performances militaires du bloc soviétique. Évidemment, vu le manque de carburant, de chars et d'avions, à quoi bon se révolter ? Taisez-vous donc, Polonais, Tchèques et Hongrois stupides : les accords de Yalta tiennent toujours, personne ne viendra à votre secours, le rideau de fer est éternel, demain sera semblable à aujourd'hui. Taisez-vous et vous verrez peut-être votre existence s'améliorer ; révoltez-vous, vous serez écrasés. Ainsi parlaient les experts.

Il faut insister sur un fait : le plus souvent, les révoltes, lorsqu'elles se produisirent et qu'elles se fondaient sur une idéologie, étaient ostensiblement socialistes. Mis à part quelques individus, réputés excentriques, qui, avant la fin des années quatre-vingt, aurait songé à réclamer la reprivatisation de l'industrie ? Que souhaitaient les Polonais en 1956 et les Tchèques en 1968, sinon un socialisme amélioré, plus efficace économiquement, tolérant en matière culturelle, ni oppresseur ni menteur ? La révolution hongroise de 1956 fut déclenchée par les secondes obsèques de Laszlo Rajk ; ce Rajk était un bourreau stalinien qui avait été torturé à mort par d'autres bourreaux staliniens. Le dernier stade de l'opposition polonaise débute fin de 1975 par des protestations contre des amendements à la Constitution, amendements destinés en pratique à légaliser l'adhésion de la Pologne au bloc soviétique et la dictature permanente du Parti ; ostensiblement, les protestataires défendirent l'intégrité de la Constitution stalinienne de 1952.

Mais les Soviétiques étaient avisés ; on ne les dupait pas facilement. Et ils avaient raison. Ils savaient que pour toutes sortes de raisons pratiques, le « socialisme à visage humain » n'avait rien à voir avec le socialisme, du moins avec le socialisme tel qu'ils le concevaient, un socialisme défini par la dictature arbitraire du Parti, l'absence de libertés civiles et la nationalisation de tout, y compris les esprits des gens, la mémoire historique, chaque instrument de communication, l'ensemble des relations humaines. Qu'ils eussent en cela raison, cela avait été démontré de façon éclatante par les événements récents : la tentative d'instaurer un « communisme à visage humain » en Union soviétique avait abouti à un non-communisme, dépourvu de tout « visage » qu'on puisse regarder. Peut-on concevoir un crocodile à

visage humain ? demandaient les sceptiques soviétiques, après la pathétique expérience tchèque.

Même si nous admettons que des événements inat-
tendus se produisent souvent et que la routine peut s'en
trouver perturbée (le réfrigérateur tombe en panne, un
ami meurt subitement d'une crise cardiaque, une
guerre civile éclate dans « un pays éloigné dont nous ne
savons pas grand-chose »), le principe selon lequel
« demain sera très semblable à aujourd'hui » n'est pas
seulement le plus facile à admettre et le plus sain menta-
lement, c'est aussi le plus rationnel. Nous ne pourrions
survivre s'il n'était pas enraciné dans nos esprits. Ayant
vécu pendant plusieurs années en paix, nous admettons
qu'une guerre peut éclater, mais nous n'y croyons pas
vraiment. La superpuissance soviétique était effectivement un animal dangereux, mais son comportement
était connu ; les puissances occidentales étaient généralement au courant de ce qu'elles pouvaient en
escompter. Néanmoins, on avait parfois des surprises,
comme l'invasion de l'Afghanistan par les Soviétiques ;
mais pour quiconque était familier de l'histoire de
l'empire soviétique – à l'exception peut-être du président Carter – il n'y avait rien là qui fût en désaccord
avec les grandes lignes de la politique soviétique.

Ainsi, le monde avait toujours été plein de
dangers ; mais lorsque la machine se dérégla, on eut
le sentiment que les périls s'accumulaient, même si,
à première vue, c'était en principe le contraire, dès
lors que l'impérialisme s'était désagrégé. On se
trouva soudain privé de la petite certitude à laquelle

on était habitué ; nos réactions habituelles ne s'insé-
raient plus dans un environnement devenu peu
familier ; notre vision était assombrie et, au lieu de se
réjouir, on se mit à envisager divers scénarios
sinistres, dont aucun n'était entièrement impossible.
La continuité a été rompue : jusqu'à l'apparition
d'une forme nouvelle de stabilité, même fragile, la
panique prendra le pas sur la tranquillité d'esprit.

Les énergies qui contribuèrent à la chute de
l'empire soviétique furent nombreuses. Si modeste
qu'elle ait été, il faut compter parmi elles la présence
d'individus qui, obstinément, prédirent la désintégration de l'Union. Car ceux qui prévoyaient qu'elle
survivrait indéfiniment contribuaient, délibérément
ou non, à en perpétuer l'existence. On sait, en effet,
qu'en politique et en économie, les prédictions ne
sont jamais tout à fait innocentes. Nous ne sommes
pas semblables aux météorologistes et nous influons
sur l'objet même de notre analyse. Ceux qui annon-
çaient pour un avenir proche la fin lamentable de
l'empire souhaitaient presque invariablement qu'elle
se produise. Ceux qui croyaient qu'il se perpétuerait
se différenciaient davantage : certains étaient des
compagnons de route du communisme ; d'autres se
contentaient d'accepter et d'approuver la permanence de la division du monde, et soulignaient avec
satisfaction (sur des bases scientifiques, bien sûr) tous
les signes d'une « convergence » imminente ; d'autres
enfin, quoique hostiles au système communiste,
pensaient que sa force était telle qu'à part une guerre
planétaire, rien ne pourrait l'écraser.

Peut-être devrait-on dire que ceux qui prédisaient la perpétuation du système se trompaient davantage que les prophètes de la mort de l'U.R.S.S. (ou ceux qui la souhaitaient) n'étaient clairvoyants. Car ces derniers étaient bien incapables de mettre en équation les facteurs hétérogènes qui minaient le château de cartes – apparemment immuable – du communisme ; mais ils avaient néanmoins calculé correctement la date à laquelle il s'écroulerait ; de ce fait, on ne saurait donc les blâmer. Les premiers refusèrent tout simplement de voir et de discerner ce qui était parfaitement visible ; cet aveuglement volontaire, on est en droit de le leur reprocher.

Qu'a fait Mikhaïl Sergheïévitch ?

Les causes de la catastrophe ayant été nombreuses et disparates, tant internes qu'externes, il serait vain de rechercher une « cause principale », un « facteur prépondérant » : il en va de même pour tous les tremblements de terre historiques.

Parmi ces nombreux facteurs, on ne saurait ignorer la contribution personnelle de Mikhaïl Gorbatchev, bien qu'il soit manifeste qu'il a tout à la fois façonné les événements et été façonné par eux. Il n'accéda pas au pouvoir dans le but de démanteler l'empire soviétique et les institutions communistes. De façon répétée et, si incroyable que cela paraisse, jusqu'au moment même où il ordonna la dissolution du parti communiste, il a affirmé son allégeance au communisme. Ce que cela signifiait, personne ne pourrait le dire, pas même lui. Mais ce n'était probablement pas une simple formule destinée à apaiser les « conservateurs », les « partisans de la ligne dure », les « staliniens », les « réactionnaires », les « faucons » (aucun terme n'est tout à fait adéquat). Cela signifiait clairement quelque chose, si vagues que fussent ses formulations. Inévitablement, certains voyaient en lui un rusé stratège soviétique cherchant à tromper l'Occident, à désarmer sa vigilance pour mieux le prendre à la gorge par la suite. D'autres le percevaient comme un audacieux réformateur qui ne souhaitait que conduire son pays sur la voie de la civilisation, de la décence et du règne de la loi. En réalité, il apparut de plus en plus clairement que Gorbatchev n'avait aucun plan précis (ni même imprécis), que la *perestroïka* était un terme vide de sens (alors que la *glasnost* en avait un), qu'il réagissait aux événements généralement sans préparation aucune, dans la hâte. Il n'en reste pas moins que par son insistance répétée sur la nécessité urgente d'accomplir des changements fondamentaux, bien que mal définis, il a révélé le manque de confiance qu'avait en lui-même l'empire soviétique. Dès lors qu'il s'avère que les dirigeants d'un empire doutent de sa légitimité, on peut raisonnablement supposer que la fin est proche. Gorbatchev, qui est loin d'être stupide, était conscient du fait que ses appels allaient mettre en branle des forces diverses qui pourraient bien dépasser ses intentions, mais il ne sut pas prévoir l'ampleur des énergies collectives qu'il libérerait sans le vouloir. Il espérait contenir les réformes (quelle que soit la définition de ce terme) dans les limites qu'il leur avait fixées – telle fut, au début, semble-t-il, sa conception de la démocratie – mais il se révéla incapable de contenir les flots croissants. Comme tant d'autres réformateurs de l'histoire du monde, il fut victime de son propre zèle réformateur, détruisant cela même qui, dans son esprit, devait être mis en forme et perfectionné.

Que fit la Pologne ?

Une des notions qui, plus que toute autre, fut pour les écrivains et les penseurs polonais du vingtième siècle un objet de dérision, c'est le messianisme polonais : apparu dans la poésie et la philosophie après l'échec, en 1830, du soulèvement contre la Russie, ce thème faisait de la Pologne le « Christ des nations », dont la souffrance et la crucifixion rachèteraient l'humanité. Cela relevait plutôt d'un fantasme, ridicule, réconfortant et compensatoire, mais si l'on y regarde de plus près, il se pourrait qu'il contînt quelque vérité. Première nation à vaincre l'Armée rouge peu après la révolution de 1917, la Pologne empêcha l'Europe de sombrer dans le communisme. Peut-être a-t-elle alors apporté une confirmation à l'idée de Hegel selon laquelle, dans tout phénomène historique, on discerne dès l'origine les germes de sa fin future. La Pologne fut le seul pays à avoir été envahi par les armées alliées de Hitler et de Staline ; c'est cette invasion qui déclencha la Seconde Guerre mondiale. Ce fut la première nation à combattre le Troisième Reich et l'un des deux pays occupés (l'autre étant la Yougoslavie) où la résistance armée contre les envahisseurs allemands se poursuivit durant toute la guerre. Après la guerre, sous le joug communiste, ce fut le premier pays où se développa un mouvement critique de masse, doté d'une solide idéologie et qui culmina en 1956 par le changement de direction et la première désignation d'un chef de parti communiste sans l'investiture de Moscou, et même en défi aux ordres du Kremlin la désillusion ne se fit pas attendre longtemps. Ce fut le premier pays où l'idéologie communiste s'éteignit clairement et de façon irréversible. Et le premier pays dans lequel un mouvement civique de masse, *Solidarnosc*, prit naissance dès 1980 et se propagea comme un incendie à travers tout le pays, détruisant presque l'appareil d'État communiste. La Pologne fut le premier (et le seul) pays auquel fut imposée en 1981 une dictature militaire déclarée, quand il devint évident que le parti communiste s'effondrait. Pourtant, en dépit de répressions massives, le mouvement d'opposition démocratique survécut, bien décidé à défier à nouveau le régime. La Pologne fut le seul pays dans lequel les autorités communistes furent contraintes d'organiser un référendum, furent battues et, miracle entre tous, le proclamèrent ouvertement. Ce fut le premier pays à avoir contraint les dirigeants communistes à organiser partiellement des élections libres, dont les résultats furent si dévastateurs qu'ils causèrent l'effondrement du parti communiste et

furent à l'origine de la formation du premier gouvernement non communiste dans un pays communiste.
Pour être honnête, il faut ajouter que, comme prix de
ce triomphe précoce, la Pologne fut bientôt dépos-
sédée de son succès par des retardataires ; elle n'a
connu de véritables élections pleinement libres que
beaucoup plus tard, en octobre 1991.

Pays messianique ? Peut-être. Ce qui ne veut pas
dire que l'histoire de la Pologne, avant et après la
guerre, n'ait été qu'une parade ininterrompue de
vertu et de bravoure ; loin de là. Il reste qu'en ne
saurait nier qu'elle ait joué un rôle pionnier dans la
lente décomposition du régime soviétique.

Le nationalisme, le communisme et la gauche

L'Europe post-communiste est, aujourd'hui,
submergée par une vague de passions et de haines
nationalistes : elle était prévisible, elle fut prévue et
attendue avec inquiétude. Ce phénomène est
expliqué généralement, et de façon répétée, par le fait
que les idéologies nationalistes se sont engouffrées
dans le « vide » laissé par le communisme ; qu'elles
avaient été « gelées » des décennies durant, que les
brusques changements politiques les ont soudain
déchaînées. La réalité est moins simple. Il n'y a pas
eu de « vide » idéologique brusquement créé par la
destruction de l'ancien régime ; le communisme, en
tant qu'idéologie viable, avait cessé d'exister bien des
années auparavant. Et les passions nationalistes

n'étaient pas exactement « gelées » ; elles s'étaient affirmées depuis fort longtemps, parallèlement à l'affaiblissement progressif de la mécanique totalitaire. Ce processus suivait son cours depuis plus de trente ans avant la glorieuse année 1989 ! Cette année mémorable, du moins pour certains pays communistes, n'a pas vu l'explosion d'un édifice solidement implanté ; il s'est agi plutôt de l'éclosion d'un œuf, dans lequel un embryon de poussin se développait depuis quelque temps déjà. Cet événement, tout en rendant possible la transition vers une nouvelle existence, fut moins catastrophique et considérablement moins bruyant qu'une explosion. Certes, à sa naissance, le poussin était frêle.

Dans la doctrine, le communisme devait préluder à un monde dans lequel tous les intermédiaires entre l'individu et l'espèce dans son ensemble (y compris la nation) deviendraient superfétatoires et donc appelés à disparaître ; le caractère cosmopolite du capital et l'internationalisme de la classe laborieuse devaient préparer la destruction de la nation, considérée comme un anachronisme historique. Toutefois, le mouvement léniniste, tout en acceptant cette philosophie, avait également lancé l'idée antimarxiste de l'autodétermination des nations, instrument tactique, purement destructeur, qui devait contribuer et contribua effectivement à la décomposition de l'Empire tsariste et de la totalité de l'ordre européen établi depuis un siècle par le traité de Vienne.

Le communisme au pouvoir était censé éradiquer la réalité même de nation, susceptible de focaliser la loyauté d'un peuple à part entière. La seule loyauté autorisée devait être, tout entière, adressée à l'État soviétique et au Parti. Il reste que, dès le départ et presque jusqu'à la fin, le parti communiste a encouragé et exploité les mouvements nationalistes ailleurs, pour contribuer à saper les puissances « capitalistes » ennemies. Même justifiée par la conception impérialiste de Lénine, cette politique devint rapidement impossible à dissocier de la politique impériale tsariste de naguère. Au sein même de l'Union soviétique, le nationalisme en tant qu'idéologie et mode d'expression de sentiments nationaux était en principe interdit ; mais cela n'empêcha pas le nationalisme russe (mais non le nationalisme ukrainien ou géorgien, bien sûr) de reparaître sur la scène soviétique au cours des années trente puis de se renforcer par tous les moyens pendant la guerre et la période poststalinienne, surtout à partir des années soixante. Il fut, non sans certaines contradictions, toléré, voire encouragé. Ses ingrédients naturels furent le racisme antijaune et l'antisémitisme. Dans les pays « satellites », le parti au pouvoir se sentit obligé, au fur et à mesure du déclin de l'idéal communiste, de recourir de façon croissante au nationalisme comme instrument de légitimation. Il chercha désespérément à se présenter comme la meilleure incarnation possible de la tradition nationale ; le discours officiel se trouva progressivement truffé de slogans patriotiques. En fait, la contradiction entre un communisme dépeint comme un édifice splendide construit à partir de zéro

sur un désert culturel et un communisme continua-
teur de tout ce qu'il y avait de bon dans la tradition
nationale apparut quasiment dès l'origine.

C'est peut-être en Pologne qu'elle fut le plus spectaculaire. Bien sûr, il y avait des limites. Mais, en
général, il était bien vu de battre le tambour de la
mégalomanie nationale ; ces manifestations publiques
de haine anti-allemande et antisémite étaient tantôt
encouragées, tantôt réduites au silence par le pouvoir,
en fonction des nécessités politiques. La seule chose
qui fût strictement interdite, c'était de faire allusion
à l'indépendance nationale ; les gens étaient censés
agir en patriotes fervents mais ne jamais faire allusion
à un seul détail, la souveraineté de leur État.

Ainsi, les nationalismes n'ont pas surgi tout
soudain du congélateur ; ils ont eu, tout simplement,
davantage de place pour s'exprimer. Les sensibilités,
les fidélités tribales ou nationales ont toujours fait
partie intégrante de l'existence des individus ;
« tribu » ou « nation » égalent expérience concrète,
« humanité » non. Se solidariser de préférence avec
ceux qui protègent la même « niche » culturelle, historique et linguistique, voilà ce dont les individus ont
besoin ; il ne faut ni l'interdire, ni le condamner.
Pourquoi s'attendre, pourquoi même espérer que les
individus deviennent parfaitement cosmopolites, de
sorte qu'un Français envisagerait de la même façon
un événement survenu au Guatemala et en France ?
Certes, les sentiments nationalistes sont chargés de
potentialités odieuses ; dans des circonstances défa-
vorables, ils peuvent tourner au chauvinisme, voire

au bellicisme haineux. Mais cela n'est pas toujours inévitable. La passion conduit parfois au meurtre, mais il serait faux de dire que l'amour est par nature homicide. On peut distinguer les patriotes des chauvins ; on trouve les deux dans chaque pays européen. Les hostilités nationales sont généralement liées à l'existence de territoires et de minorités. Après des siècles d'histoire européenne, les populations sont mélangées sur l'ensemble du continent ; il n'existe pas de frontières ethniques nettes ; beaucoup d'« îlots » linguistiques subsistent. Il est peu probable que la haine et la méfiance engendrées par ces circonstances disparaissent dans un avenir proche. C'est un fait que des mouvements racistes et chauvins se développent dangereusement dans plusieurs parties de l'Europe occidentale, tout à fait indépendamment des événements survenus à l'Est ; l'idée de nation-État semble gagner en popularité au moment précis où s'accélère l'unification de l'Europe.

Les funérailles du communisme en Europe apporteront-elles d'importants changements à la carte politique des pays occidentaux, et en particulier à gauche, en admettant que ce mot garde encore quelque signification ? Probablement non. Les partis sociaux-démocrates pourvus de bonnes références antitotalitaires pourront poursuivre leurs programmes sociaux, que ceux-ci soient raisonnables ou non, et ils n'ont guère de souci à se faire à propos de la mort du léninisme, même si celle-ci peut affaiblir leur aile gauche. Quant aux partis communistes d'obédience moscovite, la plupart d'entre eux, en Europe, ont réussi à modifier relativement tôt leur dénomination et leur idéologie, ou sont morts de leur belle mort. On peut conserver quelques réticences, voire des soupçons, devant certains papillons sociaux-démocrates issus de vilaines chrysalides communistes ; mais, ayant perdu leur armure idéologique, ils ne peuvent être ce qu'ils furent jadis. Le parti communiste italien, qui a renoncé assez tard à la faucille et au marteau, continuera sans doute à se battre pour être admis dans le « spectre démocratique » (et faire oublier qu'il fut naguère parmi les partisans de la tyrannie). Il peut s'affaiblir, mais il peut survivre, et disputer aux sociaux-démocrates leur espace vital.

L'autre parti communiste important, le parti communiste français, occupe une position différente. Son incorrigible stalinisme était, jusqu'à une date récente, raisonnable et bien conçu. Après tout, ses adhérents n'étaient pas communistes parce qu'ils escomptaient certains avantages politiques ni parce qu'ils attendaient que les conditions leur permettent à nouveau d'occuper deux ou trois petits ministères dans un gouvernement socialiste. Ce qu'ils voulaient, c'était le pouvoir total, rien de moins. Or le seul moyen de l'obtenir, c'était que l'Armée rouge occupe la France et nomme à la tête de ce pays des communistes locaux comme « satrapes ». Dans un scénario de ce genre, la force des effectifs du parti n'aurait pas compté pour beaucoup ; seules importaient la discipline et l'obéissance. Il y aurait toujours assez de monde pour diriger efficacement des camps de concentration et pour organiser chaotiquement la distribution de tickets de pain. Mais le rêve d'une occupation soviétique est révolu. Et si Georges Marchais déclarait soudain qu'il s'est converti à la démocratie et qu'il va se réformer, ce serait vraiment un événement dangereux, car la France entière en mourrait de rire. Toutefois, le P.C. français peut encore survivre durant quelque temps dans l'ambiguïté, rivalisant avec le Front national, et se nourrissant du ressentiment anti-européen, tout en enfonçant le clou inusable du chômage.

Quant aux diverses sectes gauchistes d'obédience trotskiste ou maoïste, elles survivront sans doute, car, contrairement aux staliniens, leur vertu a été de se maintenir totalement à l'écart de la réalité. Tout en proclamant leur indépendance idéologique à l'égard du soviétisme, elles ont vécu sous le parapluie du « socialisme » soviétique ; et on peut, aujourd'hui, entendre leurs sanglots pathétiques sur l'effondrement des tyrannies. Mais il se peut qu'elles survivent (sauf peut-être les organisations strictement terroristes, directement ou indirectement subventionnées par le K.G.B.) parce que, un peu comme les adventistes ou les millénaristes, elles ont volontairement décidé de vivre en permanence dans l'immuable réalité du passé. Elles peuvent donc subsister des siècles durant, s'excommuniant les unes les autres comme agents de l'impérialisme, prédisant scientifiquement chaque année que l'année prochaine sera celle de la crise mondiale du capitalisme, crise cataclysmique et irréversible à l'issue de laquelle les « masses » leur conféreront le pouvoir dictatorial qu'elles méritent, compte tenu de l'exactitude de leurs théories scientifiques. Un ami m'a raconté qu'il a rencontré il y a longtemps aux États-Unis la *basilissa* (impératrice) de Byzance, qui défendait sans désemparer la légitimité de sa dynastie. Cinq siècles ne sauraient abroger cette légitimité, puisque les païens n'avaient pas le droit de s'attaquer à l'Empire. De même, il n'y a aucune raison pour que les héritiers de Lénine et de Trotski ne continuent pas à revendiquer leur légitimité au cours du prochain demi-millénaire.

Cela ne veut pas dire que les combinaisons politiques de l'Europe occidentale et ses systèmes de partis soient appelés à durer indéfiniment. Ces combinaisons pourraient bien se défaire au cours de la prochaine décennie et ouvrir la voie à de nouveaux arrangements, reflets d'une hiérarchie différente des priorités dans la vie publique. Ce n'est pas le déclin du communisme qui rend vraisemblable une telle redistribution des forces politiques. La victoire de la démocratie n'est en rien assurée ; il existe de nombreuses formes de tyrannie non communistes.

À la recherche du passé radieux

Comme on pouvait s'y attendre, toutes les nations qui essaient de construire quelque chose sur les ruines du communisme sont aujourd'hui à la recherche de leur innocence bénie. Les individus veulent se dépeindre sous les traits de héros de la résistance ; ils souhaitent apparaître purs et remplis d'indignation, traquant les vrais coupables communistes. On a parfois l'impression que, durant les décennies communistes, la population était composée d'une poignée de misérables traîtres et d'une masse de nobles rebelles. L'histoire réelle fut bien différente. Certes, on trouve parmi les débris de l'ancien régime d'authentiques meurtriers, des hommes qui ont directement ordonné et mis en œuvre les tâches les plus odieuses : brutes de la police secrète, apparatchiks arrogants et fats, convaincus de l'éternité de leur pouvoir. Ceux-là sont méprisés à juste titre, certains devraient être punis. Mais la vérité, c'est que dans la plupart de ces pays les mouvements d'opposition anti-totalitaires ne comptaient qu'une infime minorité de gens. Ceux-ci ont sauvé l'âme de ces nations ; jusqu'à récemment, la plupart des autres préféraient changer de trottoir quand ils les croisaient. Une énorme majorité a cherché à survivre en s'adaptant à un « système » qui semblait devoir durer toujours, non par engagement enthousiaste aux idées communistes, mais par simple besoin de poursuivre une existence relativement sûre. L'opposition massive a commencé quand il est devenu évident aux yeux de tous (excepté peut-être pour certains soviétologues américains) que le tigre était moribond.

Il y eut de fervents fidèles du marxisme (de moins en moins nombreux, sans doute), et il y en eut d'autres dont les esprits furent façonnés et réduits à l'apathie, à la passivité, au découragement permanents. Le totalitarisme ne s'est jamais contenté de simplement éviter l'opposition ; il a tout fait pour s'assurer la complicité active de tout un chacun. Et, dans une large mesure, il y est parvenu : la grande majorité des habitants a voté aux élections bidons, pour éviter des conséquences désagréables (même si celles-ci ne risquaient pas d'être très graves) ; ils ont participé aux défilés obligatoires lors des grandes festivités politiques. La police recrutait facilement des informateurs, qu'elle stipendiait par de misérables privilèges ; souvent, même, il suffisait d'une simple pression pour que les gens acceptent de moucharder. Pour satisfaire n'importe quelle demande, il était normal de solliciter l'appui de tous les fonctionnaires du Parti. Ce ne fut jamais difficile de trouver des personnes non affiliées au Parti pour siéger dans des « parlements » fantoches ou dans divers organismes décoratifs dénués de pouvoir, sinon celui d'en encenser les vrais détenteurs. Certes, il y eut des différences entre les pays et entre les diverses phases historiques du développement (et du déclin) des divers régimes. Pendant des générations, les historiens auront fort à faire pour présenter une image non déformée de ces années-là. Mais l'image populaire bien établie en sera, comme toujours, un produit de l'imagination, un certificat d'innocence nationale. On peut s'attendre à voir surgir en temps voulu quelque chose qui ressemblera à l'*Historikerstreit* allemande, surtout en Russie.

Il n'est guère facile de se persuader que ces décennies communistes furent une sorte de trou noir de l'histoire, un temps vide, une rupture de continuité totale, un gâchis pur et simple ; mais il est difficile et désagréable d'inclure le communisme dans le cours continu du passé national, parce que alors la nation dans son ensemble doit porter le poids de la responsabilité. La culpabilité nationale est un sentiment qui existe : sinon, il n'y aurait aucune raison pour que les individus éprouvent le besoin de blanchir leur pays de crimes passés auxquels ils n'ont pas participé eux-mêmes. Est-il possible que la moitié de l'Europe et la moitié de l'Asie aient été violées par une poignée de fous sanguinaires, par Lénine et Staline ? Ces choses-là n'arrivent pas ; il est bon de croire que si, et de vivre avec la bonne conscience de la victime d'un viol.

Et puisque le communisme fut horrible (il l'a effectivement été), il sera normal de croire que le passé précommuniste, celui de la Russie des tsars en particulier, était une suite incessante de fêtes et de joies. Dans les deux cas, la perception populaire de l'histoire aura peu à voir avec la réalité. Rien ne sert de le déplorer. L'aveuglement est un élément nécessaire de l'existence, tant pour les individus que pour les nations. Il procure, à tous, la sécurité morale.

(*Traduit de l'anglais par Paul Alexandre*)

Note conjointe
sur le communisme
et le nazisme

Mon ami Alain Besançon propose une longue liste de raisons pour expliquer l'asymétrie flagrante des perceptions du communisme et du nazisme et les différences entre les critères des jugements que l'on porte sur ces deux jouets de la grande Dame Histoire. Nul doute, toutes ces raisons ont été bien choisies ; je crois pourtant que le tableau général que dresse Besançon exige encore des corrections.

Le socialisme international et le socialisme national sont-ils deux jumeaux hétérozygotes ? Peut-être. Comme pour toutes les métaphores historiques on trouvera des arguments pour et des arguments contre. Ici, un totalitarisme basé sur l'idée de la supériorité d'une race ou d'une nation, et qui agissait en accord avec cette idéologie, cohérent et conséquent, donc n'ayant pas besoin d'une « fausse conscience ».

Là, un totalitarisme fondé sur une idéologie préconisant les idées internationalistes, égalitaires et humanistes, invoquant la communauté humaine, la fraternité des peuples, la paix universelle, et promettant la libération de la tyrannie, la fin de la misère et du chômage et l'avènement de l'État providentiel, etc.

Le nazisme n'avait pas besoin de grands mensonges, il disait plus ou moins ce qu'il était ; le communisme était le mensonge incarné, mensonge monumental et presque sublime par son élan (Union des Républiques socialistes soviétiques – quatre mots, quatre mensonges, comme le disait, à la suite de Souvarine, feu l'inoubliable Castoriadis). Une différence futile ? Je ne le crois pas. Toute l'histoire du communisme en révèle l'importance. On le mesure d'abord par le fait même que le communisme attira pendant longtemps des gens d'un autre caractère que ceux que le nazisme fascinait : ceux qui croyaient vraiment dans l'humanité et qui pensaient que le joug de la misère, du chômage, du militarisme, de l'oppression nationale et raciale, de la haine, des guerres, serait bientôt secoué. Les lendemains qui chantent. Toutes ces illusions, aussi fantastiques qu'elles puissent paraître quelques années plus tard, n'étaient pas sans effets. C'est grâce à elles que le communisme pouvait engendrer en son sein ses propres adversaires et critiques. Le *dictum* fameux d'Ignazio Silone selon lequel la lutte finale se jouerait entre les communistes et les ex-communistes était bien exagéré, sans doute, mais il est vrai que les ex-communistes jouèrent un grand rôle dans les processus qui vidèrent ce système de l'intérieur et causèrent finalement son écroulement. Une autre manifestation de cet aveuglement apparaît avec les « pèlerins idéologiques » qui visitèrent l'Union soviétique avant et après la guerre pour chanter sa gloire. Rien d'analogue, semble-t-il, pour l'Allemagne nazie. Ces pèlerins au royaume du communisme n'ont contribué qu'à renforcer le mensonge (il y eut pourtant des exceptions : Anton Ciliga, Panait Istrati, quelques écrivains polonais), mais les nombreux communistes qui abandonnèrent la foi mensongère furent capables de l'attaquer avec efficacité parce qu'ils avaient auparavant subi son emprise. Leur voix fut entendue et obtint un large écho, précisément grâce à leur passé.

Qui plus est, le bolchevisme ayant, dès sa naissance agit comme un système terroriste, n'a pas eu besoin au début de se dissimuler par le mensonge total. Son mensonge alla croissant, d'une année sur l'autre, pour atteindre son apogée dans la dernière période du stalinisme. Comme le communisme débuta dans une atmosphère d'authenticité idéologique, il serait injuste de le décrire comme stérile culturellement (je renvoie à une étude que j'ai publiée il y a longtemps dans *Survey* sur le communisme en tant que formation culturelle). Celui-ci a laissé des traces visibles encore et très importantes dans l'histoire de la littérature, de la poésie, du cinéma, du théâtre, de la peinture. Bien sûr, au fur et à mesure que la forteresse stalinienne du mensonge se consolidait, on publia de moins en moins d'ouvrages de valeur. Une certaine renaissance culturelle se produisit pendant la guerre et peu de temps après, mais elle était plus d'origine et d'inspiration patriotiques que communistes. Elle permit à quelques créations de bonne qualité de voir le jour. Peut-on dire la même chose à propos de l'histoire culturelle du nazisme ? Il ne me semble pas ; en matière de culture le nazisme n'a apporté que ruines et vandalisme.

La réponse du prisonnier

On pourrait alors se demander, si on accepte ce diagnostic, si un prisonnier vivant ses derniers instants à Vorkouta devait s'estimer satisfait et heureux de ne pas connaître un sort identique à Dachau ? C'est moi qui pose cette question démagogique, elle n'est pas imputable à Besançon. Eh bien, ma réponse est : non. Mais j'ajoute que le degré de dévotion idéologique et l'esprit de sacrifice présents dans le communisme, quand il était encore une foi vivante, furent vraiment étonnants. Beaucoup de communistes au Goulag refusèrent de renoncer à leur foi et beaucoup de ceux qui survécurent aux horreurs des camps rentrèrent (par exemple en Pologne) pour participer avec enthousiasme à la politique stalinienne. Cela ne témoigne, bien sûr, que pour la force de l'aveuglement et non pour la supériorité morale du communisme, mais il est fort intéressant de réfléchir aux conditions susceptibles de conduire à un tel degré d'aveuglement.

En ce qui concerne la production de cadavres, les « performances » de Staline ont été nettement supérieures à celles de Hitler, quoique les comparaisons quantitatives globales restent difficiles, vu que l'État nazi n'a duré que douze ans, qu'il y a eu une guerre horrible et que le communisme a étendu sa domination sur tant de pays, y compris le pays le plus peuplé du monde, où on remarque à peine une différence de 50 millions d'habitants de plus ou de moins. Pourtant, ce n'est pas le seul ou même le plus important critère lorsqu'il s'agit de comparaisons historiques – opinion qui, je l'admets, n'était sûrement pas partagée par ceux qui attendaient sous la potence.

Le poids des différences

Je ne voudrais pas répéter cette remarque idiote que nous devons à Trotsky, selon laquelle bolchevisme et nazisme ne se ressemblent que par quelques traits « superficiels », comme l'abolition des élections, mais qu'ils diffèrent radicalement par leur essence, par leur nature de classe, etc. Ils se ressemblaient, au contraire, par plusieurs caractères importants. Suggérer que les différences furent négligeables relève d'un dogmatisme inacceptable. Le fait que le communisme, comme je viens de le mentionner, produisait ses propres critiques et ses propres ennemis et que ceux-ci, au moins pendant une période, se référaient aux mêmes stéréotypes idéologiques, grotesquement contraires à la réalité, dont ce régime ne pouvait pourtant pas se débarrasser, suggère que les différences dans la généalogie pesaient d'un poids réel. Le communisme fut un descendant bâtard des Lumières, le nazisme un descendant bâtard du romantisme. On peut suivre la généalogie du totalitarisme aussi loin que l'on veut : Platon, saint Augustin, Hobbes, Hegel, Fichte, Helvétius, Comte, et j'en passe. Que le nazisme naquit en partie d'une réaction au bolchevisme est vrai, mais qu'est-ce que cela peut nous enseigner sur la nature de l'un et de l'autre ? Les succès du communisme en Europe s'expliquent certainement en partie par la réaction aux horreurs de la Première Guerre mondiale ; quelles conclusions peut-on tirer de ce fait incontestable ?

Le concept général de communisme est évidemment légitime malgré le fait qu'il y en a eu plusieurs espèces et malgré toutes les querelles et tous les conflits qui naquirent entre les communistes, non moins que le concept des mammifères mais, combiné avec les émotions très fortes (et bien explicables) ressenties par les anticommunistes, il peut nous incliner à déduire la situation réelle des pays communistes de la nature immuable du totalitarisme, plutôt que d'une analyse empirique. En définitive, nous pouvons affirmer que les différences, prenons le Cambodge de Pol Pot et la Pologne ou la Hongrie dans la seconde moitié des années 1980, sont négligeables et sans importance : communisme ici, communisme là. Cette opinion, dont la sagesse surpasse même la remarque citée de Trotsky, constitue un outrage aussi bien à l'encontre de la réalité qu'à l'égard des êtres humains qui vivaient dans ces pays (je n'attribue pas cette opinion à Besançon). Et si on ajoute que sont négligeables les différences entre le régime nazi et le communisme, on doit conclure que la Pologne sous l'occupation hitlérienne et la Pologne démocratie populaire constituent une même chose, à de petits détails près. Essayez donc d'affirmer cela devant quelqu'un qui a vécu dans les deux Pologne !

Les différences au sein du communisme

Dans les « démocraties populaires » sous le règne stalinien, pendant les premières années qui suivirent la guerre, il y eut des assassinats, judiciaires ou sans tribunaux (il y en a eu encore d'autres plus tard, mais sporadiquement), il y eut des tortures, des mesures d'intimidation, des procès-spectacles des dirigeants communistes (sauf en Allemagne de l'Est et en Pologne, où de tels procès ont été préparés, mais ont été finalement abandonnés après la mort de Staline). Il y eut aussi des mesures d'oppression pour forcer les paysans à la collectivisation (qui échoua largement en Pologne) et pour liquider le commerce et la petite industrie privée. Et pourtant, comparées aux souffrances de la population soviétique, ces horreurs restèrent modérées et ne méritèrent pas le nom de génocide (comme les grandes purges des années 1930, comme les transferts de nations entières

pendant la guerre, comme le système concentration-
naire à grande échelle). Partout aussi, en même
temps, des mesures progressives furent prises assez
rapidement en matière d'éducation générale, pour les
universités et pour les autres écoles supérieures – qui
furent « reconstruites » idéologiquement, bien sûr,
mais pas corrompues incurablement, comme on a pu
le constater lorsque les conditions s'améliorèrent,
dans les régimes communistes –, en matière d'urbani-
sation, d'industrialisation ; ainsi les progrès furent
notables, mais ils ne tenaient pas au mérite spécifique
du communisme, ils se produisirent partout en
Europe, et beaucoup plus vite hors de la zone
communiste. Mais aussi, on doit le souligner, dans la
zone communiste, ce qui constitue une raison de plus
pour considérer comme une absurdité l'opinion selon
laquelle l'occupation hitlérienne ou la « démocratie
populaire » étaient de même nature.

Oui, il est vrai que pendant de longues années,
pendant des décennies, les atrocités de la dictature
communiste ont été tantôt négligées, tantôt délibérément étouffées, ou simplement ignorées à l'Ouest.
Les raisons qu'Alain Besançon invoque pour expliquer ces ignorances ou ces silences sont exactes. Il
n'est pas vrai pourtant que, « dès 1989, l'opposition
polonaise, primat de l'Église en tête, recommandait
l'oubli et le pardon ». Le pardon, parfois, l'oubli non,
et je ne crois pas qu'Alain Besançon puisse produire
à l'appui de son propos des citations de ce genre.

Quand je jette un coup d'œil sur les rayons de ma
bibliothèque, je n'ai pas l'impression que l'histoire

(véritable) et l'analyse du communisme aient été négligées ou oubliées ; j'y vois un Conquest, un Pipes, un Heller, un Nekritch, un Soljénitsyne, un Volkogonov, un Ulam et des dizaines et dizaines d'auteurs américains, russes, français, polonais, y compris un certain Alain Besançon. En Pologne, la littérature historique et les mémoires sur l'époque communiste sont impressionnantes et s'accroissent chaque jour. L'ouverture des archives soviétiques a porté vraiment ses fruits (elles sont, paraît-il, fermées à nouveau, mais on me dit également que le dollar est la clé du sésame : capitalisme, quand tu nous tiens !).

L'évolution du communisme

Bien sûr, le régime communiste ne possédait pas les ressorts internes qui pouvaient le transformer dans un *Rechtsstaat* démocratique. Il serait pourtant insensé de maintenir qu'il fut tout le temps un bloc immobile, immuable, dans lequel aucun processus social, indépendant de la volonté du *Politburo*, ne pouvait se développer. La société a subi des changements profonds et l'appareil tyrannique se trouvait souvent soumis à la contrainte de forces majeures. Le discours fameux de Khrouchtchev n'exprimait pas la voix d'un converti à la démocratie, bien sûr ; c'était, en partie, le cri d'un esclave dont la chaîne avait été rompue ; mais surtout, aussi, c'était un pacte de sécurité pour l'appareil. Il s'agissait désormais de ne laisser à personne la possibilité d'acquérir le même pouvoir despotique que Staline avait exercé, quand le lendemain était toujours incertain pour les membres du secrétariat et les maréchaux, sans parler des autres. Cette dénonciation, imposée par la force des choses, a vraiment changé la vie du pays (je me rappelle les communistes français qui, en 1956, ne voulaient pas croire que ce discours avait été prononcé alors que nous l'avions lu, ce qui s'appelle lu, y compris dans l'original russe).

Dans tous les pays communistes après la mort de Staline, la volonté persistait encore, mais, sous la pression des catastrophes économiques, parfois aussi en face de la pression sociale, les traits totalitaires du régime allaient s'affaiblissant, malgré les périodes de stagnation et de régression. L'idéologie perdit bientôt toute vitalité, personne ne la prenait plus au sérieux. Il était insensé de croire que les réformes de Gorbatchev n'étaient qu'un voile pour tromper l'Ouest et ne changeaient rien en URSS. Nul doute qu'il ne voulait pas détruire le communisme, il voulait le rendre plus efficace, mais il comprit, le pauvre, que cela exigeait un flux relativement libre d'informations. Par conséquent, il a abattu ce qui devait être amélioré, comme tant de réformateurs. J'ai visité Moscou sous Gorbatchev et j'ai constaté que la parole devenait libre, que les journaux et les agences de presse devenaient indépendants ! Tout le monde parlait sans inhibition, sans peur ; on disait tout ! Qui oserait penser que la liberté de la parole n'est qu'un détail insignifiant ? Elle a ruiné le communisme. Le communisme n'a pu survivre à la liberté de la parole. Oui, je connais un théoricien du communisme qui a reconnu, à l'époque, que d'après sa théorie ni Gorbatchev ni Walesa n'étaient possibles.

Le phénomène extraordinaire et inattendu, ce sont les succès électoraux des partis soi-disant postcommunistes dans la plupart des pays qui ont quitté « l'empire du mal » (et aussi, dans plusieurs pays, la résistance des paysans en face de la dissolution possible des kolkhozes). On a écrit beaucoup sur les causes de cet étrange retour en arrière ; il est incompréhensible dans le cadre d'une théorie qui présuppose que le communisme est un bloc, et, comme un bloc, fait de pierres inaltérables et immobiles. *Dixi*.

Pologne : Réfutation de trois
arguments « irréfutables »

C'est une histoire que nous connaissons tous par cœur depuis quarante ans. Hitler annexa l'Autriche ; le monde s'inquiéta un moment mais accepta le fait accompli. Quelques mois plus tard, il envahit la Tchécoslovaquie. Le monde s'indigna un moment, mais accepta le fait accompli. Hitler espérait, fort raisonnablement, pouvoir rééditer le même scénario avec la Pologne. Il fit une erreur de calcul ; le monde n'accepta pas le fait accompli ; ce fut le début de la Seconde Guerre mondiale.

Nous connaissons à la fois l'histoire et sa leçon, fort simple : essayer d'apaiser un impérialisme agressif en encaissant ses viols répétés est le moyen le plus sûr de provoquer ce que précisément l'on veut éviter : la guerre générale.

Tout le monde admet volontiers la leçon quand il s'agit d'Hitler. Il est facile et plaisant, aujourd'hui, de condamner Chamberlain. Tout le monde n'est pas prêt à admettre que nous affrontons une situation semblable ; et de nombreux dirigeants occidentaux (dont le Premier ministre canadien et le ministre français des Relations extérieures), face aux événements polonais, jouent les « super-Chamberlain » (ce dernier, après tout, se dégrisa après l'invasion de la Tchécoslovaquie).

Les défenseurs de la junte polonaise parmi les politiciens et les journalistes vont répétant trois arguments irréfutables :

1) « La junte devait imposer la dictature militaire pour éviter quelque chose d'encore pire. » Naturellement elle le devait. Elle devait envoyer dans les camps de concentration et les prisons des milliers de travailleurs et d'intellectuels. Elle devait ordonner à ses bourreaux d'extraire des ambulances et des hôpitaux les mineurs blessés et de les achever dans la rue. Elle devait faire tout ça, et mille autres choses semblables, si elle voulait éviter une société comportant des syndicats libres, une société dans laquelle le parti communiste n'exerçait pas un pouvoir despotique sur tous les domaines de l'existence.

Dans la même veine, Hitler devait gazer six millions de juifs s'il voulait demeurer fidèle à son idéologie, et les libérateurs cambodgiens devaient exterminer environ un tiers de leur population s'ils voulaient construire une société communiste selon leur cœur. Les cannibales doivent manger. Bref, chacun doit faire ce qu'il faut ; tout ce qui est, est juste. Et la junte polonaise aussi.

2) « *Solidarité* est allé trop loin ; ils ont provoqué le gouvernement. » Sans nul doute, et cela dès le premier jour de son existence, et par le seul fait de son existence. En demandant des syndicats indépendants et un relâchement de la censure, en protestant contre l'arbitraire policier, en dénonçant le mensonge institutionnalisé, en s'efforçant d'obtenir un temps d'antenne à la télévision pour limiter l'imposture communiste, en demandant à ses membres ce qu'ils pensaient d'élections libres, en restaurant la dignité humaine dans une société asservie, *Solidarité* est allée trop loin.

Dans la même veine, les Noirs qui veulent des droits égaux en Afrique du Sud vont trop loin : le gouvernement ne peut le tolérer. Les gens qui en Argentine s'inquiètent du sort de ceux qui ont disparu vont trop loin : le gouvernement ne peut le tolérer. Quiconque, dans un quelconque régime despotique, n'est pas satisfait du despotisme *va trop loin*. Il n'a que ce qu'il mérite ;

3) « Une invasion et une occupation soviétiques directes seraient pires pour les Polonais que l'occupation par les forces de sécurité polonaises. » C'est l'argument fameux : « Je serai un bourreau plus gentil » ; nous le connaissons en Pologne depuis des décennies. Cet argument est irréfutable, et il est nécessairement vrai toujours et partout, simplement parce que nous ne connaissons pas encore le bourreau absolu, et nous pouvons toujours en imaginer un qui serait pire...

Quel dommage ! Le communisme serait une si belle idée si seulement il n'y avait pas les gens ; et en Pologne en particulier le communisme serait une chose merveilleuse si seulement il n'y avait pas de Polonais.

Où sont les barbares ?
Les illusions
de l'universalisme culturel

Mon propos n'est pas de présenter une description historique du sujet. Je ne m'aventurerai pas non plus dans les prophéties. Il s'agit d'une remarque d'ordre épistémologique d'abord et d'un jugement de valeur explicitement dévoilé comme tel. Ce jugement de valeur se résume en un mot : il s'agit de la défense d'une idée qui, ayant été la cible d'attaques violentes au cours des dernières décennies, a été presque entièrement retirée de la circulation : *l'européocentrisme*. Le mot, sans nul doute, appartient à la catégorie des concepts fourre-tout, des mots commodes que l'on utilise abondamment sans les définir et où on met d'habitude, pêle-mêle, un certain nombre d'absurdités patentes qu'il ne vaut pas la peine de dénoncer, certaines constatations de fait, vraies ou fausses, certains jugements de valeur, indéfendables ou défendables. Et le bon usage du mot consiste en ceci qu'en

s'acharnant contre les absurdités qui lui sont vague-
ment associées, on veut détruire certaines idées non
seulement défendables, mais dont la défense est
parfois cruciale pour le destin de la civilisation. Ce
sont donc les mots idéologiques par excellence, et
ceci non parce qu'ils ont un contenu normatif, mais
parce que leur fonction est de ne pas laisser séparer
les questions logiquement indépendantes et de
déguiser le normatif sous de prétendues constatations
de fait. La liste de ces mots dans le jargon journalis-
tique est longue ; à côté de « l'européocentrisme »
figurent, avec connotation négative des mots comme
« élitisme », « libéralisme », « chauvinisme mâle » ;
avec connotation positive, « égalitarisme », « justice
sociale », « humanisme », « libération », etc. Le mot
« européocentrisme » a donc la tâche de signifier en
les rendant odieuses des absurdités telles que : les
Européens n'ont aucune raison de s'intéresser au
reste du monde, la culture européenne n'a rien
emprunté aux autres, ses succès sont le résultat de la
pureté raciale des Européens, la vocation de l'Europe
est de dominer le monde pour toujours, son histoire
est celle de la vertu et de la raison montantes, etc. Le
mot doit nous transmettre l'indignation à l'égard,
tantôt de l'idéologie des marchands d'esclaves au
XVIIIᵉ siècle (des marchands blancs, bien sûr), tantôt
de celle des partisans de l'évolutionnisme simpliste
du XIXᵉ siècle. Mais sa fonction véritable est ailleurs :
il amalgame dans un tout nébuleux ces cibles très
faciles avec l'idée même de la culture européenne
dans sa spécificité ; et cette culture est alors menacée

non seulement du dehors, mais, davantage peut-être, par la mentalité suicidaire dans laquelle l'indifférence à notre propre tradition distincte, l'incertitude, voire la frénésie auto-destructrice prennent la forme verbale d'un universalisme généreux.

L'équivoque de la barbarie

Il est parfaitement vrai qu'il est impossible de définir la culture européenne – géographiquement, chronologiquement ou quant au contenu – sans que certains jugements de valeur soient engagés dans une telle définition. Ce territoire spirituel dont le nom même, nous disent les savants, est d'origine assyrienne, dont le livre par excellence, le livre-fondateur, fut écrit pour la plus grande part dans une langue non indo-européenne, dont la richesse immense dans la création philosophique, artistique et religieuse a absorbé tant d'apports venant de l'Asie mineure, de l'Asie centrale, de l'Orient, du monde arabe – comment le délimiter de façon non arbitraire ? Si on demande *quand* cette culture a pris naissance, beaucoup de réponses sont possibles : avec Socrate, avec saint Paul, avec la loi Romaine, avec Charlemagne, au cours des transformations spirituelles du XIIe siècle, avec la rencontre du Nouveau Monde. Ce n'est pas le savoir historique qui nous manque pour prononcer là-dessus un verdict précis, c'est plutôt le fait que chaque réponse est plausible si on admet d'abord que tel ou tel ingrédient de cet alliage est constitutif ou essentiel et c'est là une décision dans l'ordre des valeurs. De même pour les limites géographiques : Byzance en fait-elle partie ? Ou la Russie ? Ou certaines régions de l'Amérique latine ? On peut en discuter sans fin, à moins que l'on ne tranche la question non pas en se référant à des informations historiques – ces informations pouvant justifier chacune des deux réponses –, mais en mettant en relief ce que nous croyons constitutif pour l'espace culturel dans lequel nous vivons. C'est donc affaire de vote plutôt qu'affaire de recherches scientifiques, si ce n'est que l'abolition de cette culture ne peut pas se faire par un vote majoritaire qui déclarerait que cette culture n'existe pas ou qu'on ne veut plus lui appartenir : une minorité qui persévère dans la croyance à son existence fait qu'elle existe.

Comme on sait, c'est un point litigieux de savoir quand les Européens ont pris conscience de former un corps culturel unique, sinon différent, du moins ne se ramenant pas à leur unité dans la chrétienté occidentale. Il n'y a pas de raisons d'imaginer que ceux qui, dans des périodes historiques différentes, avaient combattu les Sarrasins dans la péninsule Ibérique, les Tartares en Silésie, les armes Ottomanes dans le bassin de Danube, aient partagé une telle conscience d'identité. Pourtant, il n'est pas douteux qu'elle se forma à partir de l'unité de la foi et qu'elle s'établit à l'époque où cette unité commença à s'écrouler à l'échelle européenne, et non pas seulement dans les îlots d'hérésies. À l'époque aussi où l'essor rapide et incroyablement créateur des sciences

et des arts avait commencé à se déployer à un rythme
toujours accéléré pour aboutir à toutes les grandeurs
et à toutes les misères du monde d'aujourd'hui. Les
misères et les peurs dominant, naturellement, notre
sensibilité, l'idée même de la culture européenne est
aujourd'hui mise en question. C'est peut-être moins
l'existence même de cette culture qui est contestée,
que sa valeur unique et surtout ses prétentions à la
supériorité, au moins dans quelques domaines de
premier ordre. Et c'est cette supériorité qu'il y a lieu
de définir et d'affirmer.

Il y a quelques années, j'ai visité les monuments
précolombiens au Mexique et j'ai eu la chance de m'y
trouver en compagnie d'un écrivain mexicain bien
connu, grand connaisseur de l'histoire des peuples
indiens du pays. En m'expliquant la signification de
beaucoup des choses que je n'aurais pas comprises
sans lui, il a insisté souvent sur la barbarie des soldats
espagnols qui avaient pulvérisé les statues Aztèques,
refondu les exquises figurines d'or pour en frapper
des pièces de monnaie à l'effigie de l'Empereur, etc.
Je lui ai dit : « Tu crois qu'ils étaient des barbares ;
mais peut-être étaient-ils des vrais Européens, voire
les derniers : ils prenaient au sérieux leur civilisation
chrétienne et latine, et c'était parce qu'ils la prenaient
au sérieux qu'ils n'avaient aucune raison de protéger les
idoles païennes ou de considérer, avec le détachement
esthétique ou avec la curiosité des muséologues, des
choses chargées d'une signification religieuse autre,
donc ennemie. Si nous trouvons leur comportement

révoltant, c'est parce que nous sommes indifférents aussi bien à leur civilisation qu'à la nôtre ».

Ce n'était qu'une boutade, bien sûr, mais une boutade pas tout à fait innocente. Elle peut mettre en mouvement la réflexion sur la question qui est peut-être décisive pour la survivance de notre monde : un intérêt bienveillant et la tolérance envers d'autres civilisations ne sont-ils possibles que si on renonce à prendre au sérieux la sienne ? Autrement dit : dans quelle mesure est-il concevable que nous affirmions notre appartenance exclusive à une civilisation sans vouloir détruire les autres ? S'il était vrai que l'on n'abandonne la barbarie qu'avec sa propre culture, il faudrait dire que les civilisations capables de non-barbarie sont seulement celles qui tombent en ruines : conclusion peu consolante.

Je ne crois pas qu'elle soit vraie, pourtant. Je crois, au contraire, qu'il y a, dans le développement de notre civilisation, des arguments pour la contester. En quel sens les soldats de Cortés étaient-ils des barbares ? Ils étaient des conquérants, plutôt que des conservateurs de monuments, sans nul doute ; ils étaient cruels, avides, sans merci ; probablement, pieux et sincèrement attachés à leur foi et convaincus de leur supériorité spirituelle. S'ils étaient des barbares, c'est ou bien parce que tous les conquérants sont des barbares par définition, ou bien parce qu'ils ne montraient aucun respect pour des gens qui avaient d'autres habitudes et révéraient d'autres dieux, bref que la vertu de tolérance envers les autres cultures leur faisait défaut.

Mais ici nous touchons une question embarras-
sante : jusqu'à quel point le respect des autres
cultures est-il recommandable et à quel moment le
désir louable de ne pas se montrer barbare devient-il
lui-même indifférence à, voire approbation de la
barbarie ? Le « barbare », c'était d'abord quelqu'un
qui parlait une langue incompréhensible, mais le mot
se charge bientôt de contenu péjoratif au sens
culturel. Tous ceux qui ont étudié la philosophie se
souviennent du prologue fameux de Diogène Laerce,
où il combat l'idée erronée d'après laquelle la philosophie avait existé chez les barbares, avant les Grecs,
chez les gymnosophistes indiens, chez les prêtres
babyloniens ou celtes ; il s'attaquait déjà à l'universalisme culturel, au cosmopolitisme du IIIᵉ siècle. Non,
dit-il, c'est ici, où se trouvent les tombeaux de
Musaïos l'Athénien et de Linos le Thébain, fils
de Hermès et d'Urania, que la philosophie – ainsi que
la race humaine – ont pris naissance. Il cite les
coutumes bizarres des mages chaldéens et les croyances
folles des Égyptiens, et s'indigne à l'idée qu'on puisse
appeler « philosophe » Orphée le Thrace, un homme
qui n'a pas eu honte d'attribuer aux dieux toutes les
passions humaines, y compris les plus basses. On sent
déjà une sorte de doute dans cette auto-affirmation
défensive, écrite à l'époque où les mythes anciens
avaient perdu toute vitalité ou bien s'étaient sublimés
dans la spéculation philosophique, où l'ordre culturel
et politique était visiblement en état de décomposition. Ses héritiers devaient être des barbares, à savoir
les chrétiens. Nous nous imaginons parfois, sous

l'influence de la philosophie spenglérienne ou d'une autre « morphologie historique », que nous vivons dans une période semblable, les derniers témoins d'une civilisation condamnée. Condamnée par qui ? Non pas par Dieu, plutôt par des « lois historiques » supposées. En fait, bien que nous ne connaissions aucune loi historique, nous pouvons les inventer librement et, une fois inventées, elles peuvent se réaliser en tant que prophéties auto-vérificatrices.

La tradition européenne de l'autocritique

Mais nos sentiments sur ce point sont ambigus, peut-être contradictoires. D'un côté, nous avons assimilé cette espèce d'universalisme qui se refuse à porter des jugements de valeur sur les civilisations différentes et proclame leur égalité intrinsèque. De l'autre côté, en affirmant cette égalité, nous affirmons du même coup l'exclusivité et l'intolérance de chaque culture, nous affirmons donc ce que nous nous vantons d'avoir dépassé dans l'acte même de cette affirmation.

Cette ambiguïté n'est pas paradoxale puisque nous affirmons, dans cette confusion même, un trait distinctif de la culture européenne parvenue à maturité, à savoir sa capacité à se mettre elle-même en question, à sortir de son exclusivisme, à vouloir se regarder elle-même avec les yeux des autres. C'est au début même de la conquête que l'évêque Bartolomé de Las Casas lança son attaque vigoureuse contre les envahisseurs au nom des mêmes principes chrétiens dont ils se réclamaient. Quels qu'aient été les résultats immédiats de sa lutte, il fut un des premiers à s'être dressé contre les siens pour défendre les autres et à avoir dénoncé les crimes de l'expansionnisme européen. Il a fallu peut-être la Réforme et le début des guerres de religion pour qu'un scepticisme généralisé sur les prétentions de l'Europe à la supériorité spirituelle commence avec Montaigne, pour devenir lieu commun chez les Libertins et les précurseurs des Lumières. Ce fut Montaigne aussi, qui, après Rosario, dont le nom devait plus tard acquérir la célébrité grâce à l'article à lui consacré dans le Dictionnaire de Bayle, a comparé l'homme aux animaux à l'avantage de ceux-ci, en donnant ainsi l'impulsion au mépris bientôt populaire pour l'espèce humaine tout entière. Regarder sa propre civilisation par les yeux des autres pour l'attaquer devint une manière littéraire très répandue à l'époque des Lumières, « les autres » étant aussi bien les Chinois ou les Persans qu'un visiteur des astres ou les chevaux.

Je ne mentionne toutes ces choses bien connues que pour dire ceci : il est plausible d'affirmer qu'à la même époque où l'Europe a acquis – peut-être surtout grâce au danger turc – la conscience claire de sa propre identité culturelle, elle a mis en question la supériorité de ses propres valeurs et ouvert le processus de l'auto-critique permanente qui est devenu la source de sa puissance ainsi que de ses faiblesses et de sa vulnérabilité.

Cette aptitude à se mettre soi-même en question, à abandonner – non sans une forte résistance, bien sûr – sa propre fatuité, son contentement de soi pharisien, est aux sources de l'Europe en tant que force spirituelle. Elle donna naissance à l'effort de sortir de la clôture « ethnocentrique » et elle a défini cette culture. Elle en a défini la spécificité et la valeur unique en tant que capacité de ne pas persister dans sa suffisance et sa certitude éternelles. Finalement on peut dire que l'identité culturelle européenne s'affirme dans le refus d'admettre une identification achevée, par conséquent dans l'incertitude et l'inquiétude. Et quoiqu'il soit vrai que toutes les sciences, naturelles et humaines, ou bien sont nées ou bien ont atteint leur maturité (relative, bien sûr) à l'intérieur de la culture européenne, il y en a une qui est européenne par excellence, par son contenu même, et c'est l'anthropologie, c'est-à-dire le travail qui présuppose la suspension de ses propres normes, jugements et habitudes mentales, morales et esthétiques pour pénétrer le plus possible dans le champ de vision d'autrui, pour s'assimiler sa manière de percevoir (j'ai en vue l'anthropologie contemporaine, non pas celle de Frazer ou de Morgan). Et bien que peut-être personne ne puisse prétendre y avoir réussi parfaitement, bien que la réussite parfaite présuppose une situation épistémologique impossible – être entièrement à la place de l'objet de la recherche et garder en même temps l'esprit détaché et objectif d'un savant –, leur effort n'est pas vain. On ne peut pas arriver complètement à la position d'un observateur qui se regarde soi-même du dehors, mais on peut le réaliser en partie. Qu'un anthropologue ne puisse comprendre le sauvage de façon complète qu'en devenant le sauvage, donc qu'en cessant d'être anthropologue, cela paraît évident. Il peut suspendre des jugements, mais cet acte même de suspension a des racines culturelles : c'est un acte de renoncement qui n'est faisable que de l'intérieur d'une culture spécifique qui l'a rendu possible, d'une culture qui s'est montrée capable de cet effort pour comprendre l'autre parce qu'elle avait su se mettre elle-même en question.

C'est pourquoi la position d'un anthropologue n'est pas vraiment celle de la suspension du jugement : son attitude s'appuie sur la conviction qu'une description et une analyse sans préjugés normatifs sont *meilleures* que l'esprit de supériorité ou de fanatisme ; mais c'est un jugement de valeur autant que le serait un jugement opposé. On ne peut pas abandonner l'évaluation. Ce qu'on appelle l'esprit scientifique est une attitude culturelle, liée particulièrement à la civilisation occidentale et à sa hiérarchie des valeurs. On a bien le droit de défendre et d'arborer l'idée de la tolérance et du criticisme, mais on ne peut pas prétendre que ce sont des idées « neutres », c'est-à-dire libre de toute présupposition normative. Que je me vante d'appartenir à une civilisation absolument supérieure, que, au contraire, je glorifie le bon sauvage ou que, enfin, je dise « toutes les cultures sont égales », je prends une position, je me

prononce sur des valeurs et je ne peux nullement
l'éviter. Cela ne veut pas dire qu'il est indifférent que
je prenne une position plutôt qu'une autre. En en
prenant une, je condamne ou je rejette les autres, et
n'en prendre aucune, ne serait-ce qu'implicitement,
est impossible dès que je me rends compte du fait que
les autres civilisations existent.

Si les deux premières positions sont suffisamment
claires, le problème se pose à propos du sens de la
troisième : « toutes les cultures sont égales ». C'est un
énoncé qui, pris dans son sens fort, mène, semble-t-il,
à la contradiction et tombe dans une antinomie
analogue à celle du scepticisme conséquent.

L'antinomie du relativisme

En effet, d'après l'usage courant, « la culture »
englobe toutes les formes du comportement spécifiquement humain : la technique, les coutumes, les
rites et les croyances, l'expression artistique, les
systèmes d'éducation, la loi. Il y a évidemment une
gradation de l'universalité possible ou virtuelle de ces
formes, depuis la langue, qui est la moins compréhensible, la moins « universalisable », jusqu'aux
mathématiques dont l'universalité potentielle et
actuelle est la plus incontestable. Quand on dit
« toutes les cultures sont égales », on pense évidemment davantage aux domaines spécifiques, moins
universels : on pense d'abord à l'art et ce qu'on veut
dire, c'est, semble-t-il, qu'il n'y a aucune norme

transcendante, supra-culturelle, pour porter des jugements esthétiques et comparer la valeur relative des diverses formes d'expression.

Mais la présence de règles transcendantales ne se laisse pas démontrer non plus dans l'ordre moral et intellectuel. S'il y a des règles supra-historiques, c'est-à-dire qui passent pour obligatoires dans toutes les cultures – telles les normes de la logique bi-valente ou l'interdiction de l'inceste –, ce n'est pas la preuve qu'elles sont valables en un sens transcendantal.

On voit pourtant la différence entre le principe « toutes les cultures sont égales » appliqué à l'expression artistique d'un côté, et aux règles morales, légales et intellectuelles de l'autre. Dans le domaine de l'art, la tolérance nous vient assez facilement, soit parce que nous sommes indifférents, soit parce que nous n'éprouvons pas les critères esthétiques différents comme logiquement contradictoires. Nous aimons même nous imaginer, dans nos tentations universalistes, que nous pouvons participer à la perception esthétique de toutes les cultures, comme si, par exemple, nous avions accès à la peinture japonaise aussi facilement qu'aux œuvres du baroque européen, comme si nous pouvions y participer sans connaître intimement les rites et le langage de cette civilisation.

Tout de même, c'est là la moins dangereuse des illusions de l'universalisme. Les confusions qu'il engendre sont vraiment menaçantes dans les sphères qui touchent directement notre comportement, celles

de la religion, de la morale, de la loi et des règles intellectuelles. Ici nous affrontons des différences qui sont
en même temps des contradictions, des normes en
conflit, et qui ne peuvent pas coexister dans l'indifférence, simplement juxtaposées comme dans un
musée les pièces venant de civilisations diverses. Si la
phrase « toutes les cultures sont égales » ne veut pas
dire seulement que les gens ont vécu et vivent dans
des traditions différentes et y satisfont leurs aspirations, elle peut signifier une des trois choses
suivantes. Ou bien, je veux dire que je vis dans une
culture particulière et que les autres ne m'intéressent
pas, ou bien qu'il n'y a pas de normes absolues, non
historiques, pour juger une culture quelconque, ou
bien, au contraire, qu'il y en a et que, d'après ces
normes, toutes les règles incompatibles l'une avec
l'autre, sont également valables. Si la dernière
attitude est impossible puisqu'elle implique l'approbation positive donnée à des règles qui s'excluent, la
première se laisse peut-être maintenir de façon conséquente, mais dans ce cas cette manière de l'exprimer
est trompeuse ; si je l'emploie dans ce sens, je veux
dire non pas que toutes les cultures sont égales, mais
que toutes les autres me sont égales et que je suis
satisfait dans la mienne. C'est donc la seconde
version qui est vraiment décisive parce qu'elle paraît
très répandue et parce qu'il est douteux qu'on puisse
la maintenir sans violer la cohérence.

En effet, on peut argumenter que, les vérités de la
Révélation mises à part, tous les systèmes de valeurs,
aussi longtemps qu'ils sont cohérents, sont logiquement

et empiriquement inattaquables. Il est impossible de
prouver – ce qui s'appelle prouver – que la tolérance
religieuse est *meilleure* qu'un régime dans lequel les
gens sont condamnés à mort pour baptiser leurs
enfants, que l'égalité devant la loi est supérieure à une
loi qui privilégie certaines castes, que la liberté est
préférable au despotisme, etc. On peut bien dire que
c'est « évident », mais si le sentiment de l'évidence est
aussi culturellement déterminé, en s'y référant on
tombe dans un cercle vicieux. Pourtant, il est impossible, devant de telles questions, de s'abstenir de
préférences, qu'elles soient logiquement justifiables
ou non. Quiconque dit en Europe que toutes les
cultures sont égales, n'aimerait généralement pas
qu'on lui coupe la main s'il triche avec le fisc ou qu'on
lui applique la flagellation publique – ou, dans le cas
d'une femme la lapidation – s'il couche avec une
personne qui n'est pas légalement sa femme (ou son
mari). Si l'on dit, dans un cas pareil, « c'est la loi cora-
nique, il faut respecter les autres traditions », on dit
en effet : « ce serait terrible pour nous, mais c'est bon
pour ces sauvages » : par conséquent, ce qu'on
exprime, c'est moins le respect que le mépris des
autres traditions et la phrase « toutes les cultures sont
égales » est la moins propre à décrire cette attitude.

Mais si on s'efforce de rester dans sa propre tradition et en même temps de garder le respect des autres,
on tombe tout de suite dans l'antinomie du scepticisme que je viens de mentionner. En effet, nous
affirmons notre appartenance à la culture européenne
précisément par notre capacité de garder une

distance critique envers nous-mêmes, de vouloir nous regarder par les yeux des autres, d'estimer la tolérance dans la vie publique, le scepticisme dans le travail intellectuel, la nécessité de confronter toutes les raisons possibles aussi bien dans les procédures de la loi que dans la science, bref de laisser ouvert le champ de l'incertitude. En admettant tout cela, nous proclamons – explicitement ou non, qu'importe – que la culture qui a su articuler fortement ces idées, lutter pour leur victoire et les introduire, même imparfaitement, dans la vie publique, est une culture supérieure. Nous nous croyons barbares si nous nous comportons en fanatiques, si nous sommes intolé-rants au point de ne pas vouloir peser les raisons des autres, de ne pas savoir nous mettre nous-mêmes en question : par conséquent, il nous faut considérer comme barbares les autres qui sont emprisonnés de la même façon dans *leur* exclusivisme, les fanatiques d'une autre tradition. On ne peut pas être sceptique au point de ne pas voir la différence entre le scepti-cisme et le fanatisme ; en effet, cela équivaudrait à être sceptique au point de ne pas l'être.

Le paradoxe du scepticisme fut reconnu, bien sûr, dès l'antiquité, et on a proposé une solution radicale pour en sortir : un sceptique conséquent devrait se taire ; en particulier, il n'a pas le droit de préconiser le scepticisme sans le trahir.

C'est une solution possible, sans doute, mais une solution qui ne saurait être discutée : dès que nous la discutons, nous tombons dans la même antinomie pragmatique à laquelle nous nous efforcions d'échapper. Il est plausible de croire qu'un sceptique parfaitement conséquent devrait se taire et que pour cette raison nous ne connaîtrons jamais les noms des grands sceptiques parce qu'ils n'ont jamais rien dit. Mais dès que nous ouvrons la bouche, nous sommes sous contrainte.

L'universalisme culturel tombe exactement dans la même difficulté. Il se nie s'il est généreux au point de méconnaître la différence entre l'universalisme et l'exclusivisme, entre la tolérance et l'intolérance, entre soi-même et la barbarie ; il se nie si, pour ne pas tomber dans la tentation de la barbarie, il donne *aux autres* le droit d'être barbares.

Or, ce que je préconise, c'est le scepticisme inconséquent et l'universalisme inconséquent, à savoir un universalisme qui se soustrait à l'antinomie en ne s'étendant pas au-delà des limites où la distinction même entre lui-même et la barbarie s'efface.

La supériorité européenne

Dire cela, dans ce contexte, c'est affirmer la supériorité de la culture européenne comme une culture qui a produit et qui a su préserver l'incertitude à l'égard de ses propres normes. Je crois donc qu'il y a une raison importante pour garder en ce sens l'esprit européocentrique. Ceci présuppose la croyance que certaines valeurs spécifiques de cette culture – à savoir ses facultés auto-critiques – doivent non seulement être défendues, mais répandues et aussi que, par définition, elles ne se laissent pas répandre par la violence. L'universalisme se paralyse lui-même s'il ne se croit pas universel, c'est-à-dire propre à être propagé partout.

Dans cette discussion, il ne s'agit aucunement d'un jeu de concepts. L'Europe se trouve en ce moment sous la pression de la barbarie totalitaire dont la puissance est nourrie par les hésitations de l'Occident quant à sa propre identité culturelle, par sa volonté affaiblie de s'affirmer en tant que culture universelle.

Pourtant, croire à l'universalité de la tradition européenne n'implique pas du tout préconiser l'idéal d'un monde uniforme, partageant les mêmes goûts, les mêmes croyances (ou plutôt la même absence de croyances), le même style de vie, voire la même langue. Il s'agit, au contraire, d'une propagation sélective, si l'on peut dire, des valeurs sur lesquelles j'ai insisté et qui furent la source de toutes les grandeurs de l'Europe. C'est facile à dire, bien sûr. Les influences culturelles agissent selon des modalités qu'il est difficile de contrôler. La première chose que le reste du monde désire de la culture européenne, ce sont les techniques militaires, la dernière, les libertés civiles, les institutions démocratiques, les standards intellectuels. Or l'expansion technologique de l'Occident, c'est aussi la destruction de dizaines de petites unités culturelles, de langues, destruction dont vraiment il n'y a aucune raison de se réjouir. Rien de satisfaisant dans le fait qu'une grande famille des langues indo-européennes, la branche celtique, meurt sous nos yeux, irréversiblement semble-t-il, malgré tous les efforts faits pour arrêter son extinction. Les grandes vieilles cultures résistent, sans doute, mais personne ne peut prévoir à quoi aboutira leur transformation sous l'influence de l'Occident, cette influence ne datant que de quelques dizaines d'années. Même des langues de vieille culture comme l'arabe ou l'hindou, cèdent le pas aux langues européennes dans l'enseignement des sciences modernes, non pas qu'elles soient intrinsèquement incapables de s'adapter au développement scientifique, bien sûr, mais parce qu'elles ont été prises de vitesse. Triste spectacle que nous n'avons presque aucun moyen de corriger. Si c'était notre destin d'annihiler la variété culturelle du monde au nom d'une civilisation « planétaire », ce destin ne pourrait probablement s'accomplir qu'au prix d'une telle rupture de continuité dans les traditions, que non seulement chaque civilisation particulière, mais la civilisation humaine tout entière seraient en péril mortel.

Voici une citation : « Nos descendants ne seront plus simplement des Occidentaux comme nous-mêmes. Ils seront les héritiers de Confucius et de Lao-Tseu aussi bien que ceux de Socrate, de Platon et de Plotin ; les héritiers de Gautama Bouddha ainsi que ceux du Deutéro-Isaïe et de Jésus-Christ ; les héritiers de Zarathoustra et de Mahomet aussi bien que ceux de Elija et de Elisha et de Pierre et Paul ; les héritiers de Shankara et de Ramanuja aussi bien que ceux de Clément et d'Origène ; les héritiers des Pères Cappadociens de l'Église orthodoxe aussi bien que ceux de notre Africain Augustin et de notre Ombrien Benoît, les héritiers de Ibn Khaldoun aussi bien que ceux de Bossuet ; les héritiers – s'ils restent toujours empêtrés dans la confusion politique – de Lénine et de Gandhi et de Sun Yat-Sen aussi bien que ceux de Cromwell et de George Washington et de Mazzini ».

Cette prophétie optimiste (ou qui se veut telle), datant de 1947, est d'Arnold Toynbee (*Civilisation on Trial*, New York, 1948, p. 90) ; elle exprime bien l'idéal du monde uniformisé à outrance et elle provoque des doutes sérieux, même si nous approuvons la réfutation que Toynbee a faite de la spéculation de Spengler sur les cycles historiques. Qu'est-ce que voudrait dire, en effet, d'être « héritier » de tous ces prophètes, philosophes et hommes d'État énumérés. Au sens le plus banal du terme, nous sommes déjà les « héritiers » de tous ces hommes dans la mesure où nous vivons dans un monde qu'ils ont tous contribué à façonner, mais il est clair que Toynbee vise un « héritage » en un sens plus fort, suggère une continuité positive des idées. Mais pour que nos descendants soient des « héritiers » dans ce sens, il faut admettre que tout ce qui fait que maintenant les valeurs et les idéaux de ces gens sont incompatibles, perdra sa signification ; mais alors, au lieu de les avoir tous pour ancêtres spirituels, nous n'en aurons aucun. Il est concevable que la distinction entre les catholiques et les protestants disparaisse, mais alors Bossuet et Cromwell, au lieu d'être « synthétisés » par nos descendants, perdront l'un et l'autre leur signification ; l'on oubliera ce qui fut essentiel et spécifique pour eux et « l'héritage » n'aura aucun sens tangible. De même, on voit avec peine comment quelqu'un qui attache de l'importance à la liberté de l'esprit pourra un jour se considérer le légataire de Lénine et de Mahomet ; il est concevable que la question de la liberté perde toute signification si la société de l'avenir est parfaitement totalitaire et acceptée par ses membres, mais alors notre postérité sera en effet héritière de Lénine, mais non de Washington. Bref, s'imaginer que nos petits-enfants combineront toutes les traditions contradictoires dans un ensemble harmonieux, qu'ils seront en même temps panthéistes, théistes et athées, libéraux et totalitaires, enthousiastes de la violence et ennemis de la violence, c'est s'imaginer qu'ils vivront dans un monde qui non seulement dépasse notre imagination et nos dons prophétiques, mais dans lequel il n'y aura plus aucune tradition viable, ce qui veut dire qu'ils seront des barbares au sens le plus fort du terme.

Encore une fois, il ne s'agit pas d'un badinage conceptuel. Nous sommes bien conscients d'être confrontés à des puissances culturelles qui nous mènent en effet vers l'unité, unité barbare, fondée sur l'oubli de la tradition. Une de ces puissances, c'est la barbarie totalitaire de type soviétique qui s'efforce – avec un succès considérable mais non parfait, heureusement – de mettre toutes les forces de l'esprit au service de l'État, de nationaliser tout, y compris les personnes humaines, la mémoire historique, la conscience morale, la curiosité intellectuelle, l'art et la science, et qui manipule aussi la tradition, en ne cessant de la mutiler, de la déformer et de la falsifier selon les besoins de l'État. L'autre puissance, c'est l'esprit technologique né des sources européennes, des succès grandioses de la science – y compris dans la lutte contre la misère, la maladie, la souffrance – et qui, légitimement fier de ses performances spectaculaires, a réussi à semer des doutes dans nos âmes sur la validité et la nécessité de traditions dont l'utilité dans les progrès des sciences et de la technique est douteuse ou nulle ; la réduction de la place et de l'importance accordées aux sciences historiques et aux langues classiques dans l'enseignement secondaire à travers le monde en démontre l'action néfaste. Inutile de le dire, ces forces n'agissent pas irrésistiblement et un certain renforcement de la résistance se laisse voir depuis quelques années, ainsi qu'une renaissance partielle de la tradition religieuse, même si cette renaissance s'exprime parfois sous des formes grotesques ou macabres.

Nous n'avons aucune raison de croire que ces menaces sont mortelles, que notre civilisation est atteinte d'une maladie incurable. Malgré tous les échecs, malgré toute la masse de barbarie indigène que cette civilisation a dû et devra combattre, elle n'a pas perdu son élan ; le fait même que tant de ses idées majeures aient été verbalement admises dans le monde, que ses formes institutionnelles soient imitées *de nom*, que les régimes tyranniques tiennent à utiliser les enseignes et la phraséologie européennes, n'est pas sans importance. Les efforts, même ridiculement maladroits, de se donner les apparences européennes, de se parer des vêtements de l'Occident, prouvent que, si la barbarie est loin d'être vaincue, la honte d'être barbare est déjà répandue, et le barbare qui a honte d'en être un est vaincu à moitié, même si l'autre moitié reste forte.

Il est parfaitement vrai que la menace qui pèse sur l'Europe ne réside pas seulement dans sa moindre volonté d'auto-affirmation ; il y a aussi des aspects barbares endogènes. Le totalitarisme a pour une large part des sources européennes qui peuvent être dépistées, sous leurs formes variées, à travers toute l'histoire des utopies socialistes, des idéologies nationalistes, des tendances théocratiques. L'Europe ne s'est montrée nullement immunisée contre son passé barbare qui a su remporter des victoires épouvantables à nos yeux ; tout de même, elle s'est montrée capable de mobiliser des ressources puissantes pour s'y opposer.

Si on se demande quelle est l'origine de cette résistance qu'elle a manifestée contre la barbarie, autochtone et étrangère, on voit que la réponse est introuvable s'il s'agit des « sources ultimes » de l'Europe ; toutes les influences grecques, judaïques, romaines, perses et autres qui se sont amalgamées pour produire cette civilisation – sans parler des conditions matérielles, démographiques, climatiques, dont nous devinons l'importance – ne se laissent pas évidemment présenter sous forme de vecteurs aux forces respectives calculables. Pourtant, si nous essayons de saisir ce qui constitue le noyau de cette région spirituelle et si nous décrivons ce noyau ainsi que je l'ai proposé, comme esprit de l'incertitude, de l'inachèvement, de l'identité jamais accomplie, on comprend mieux pourquoi l'Europe est chrétienne de naissance.

L'Europe est chrétienne de naissance

On peut avoir le soupçon – il serait prétentieux de l'appeler « hypothèse » – qu'un lien nécessaire, un *vinculum substantiale*, unit la tradition doctrinale de la Chrétienté occidentale avec cet élan créateur qui a produit aussi bien les forces scientifiques et techniques de l'Europe que les idées de l'humanisme sous forme de la foi dans la valeur absolue de la personne et, finalement, cet esprit d'ouverture et cette capacité d'auto-interrogation de laquelle la civilisation moderne a surgi.

Un tel jugement peut ou même doit paraître paradoxal si on considère tous les faits bien connus qui prouvent que tant d'exploits intellectuels et sociaux de l'Occident ont été acquis contre la forte résistance de l'Église, que cette résistance s'est montrée longue et obstinée non seulement sur quelques points cruciaux de l'évolution des sciences, mais aussi bien dans la formation des idées et des institutions démocratiques modernes et de la législation sociale – tant de choses sans lesquelles l'Europe telle que nous la connaissons aujourd'hui est impensable.

L'histoire de cette résistance ne se laisse pas écarter, bien sûr, comme quelque accident insignifiant ou l'affaire d'un passé oublié. Mais la question que je me pose n'est pas là. Je me demande plutôt s'il est plausible de chercher l'inspiration chrétienne dans le mouvement des Lumières qui a frayé son chemin, dans une large mesure, contre l'Église et souvent contre le christianisme. Je pense aux Lumières dans le sens le plus large, conforme à la description fameuse de Kant – « l'homme sortant de l'immaturité dont il est lui-même coupable » –, donc à toute la masse d'efforts spirituels qui affirmaient la force de la Raison et de l'imagination profanes, la curiosité scientifique, la passion de dominer la matière, le courage explorateur, l'adresse analytique, la méfiance sceptique envers les solutions faciles, l'habitude de questionner tout résultat acquis.

Or, je crois qu'il est permis de regarder la religiosité chrétienne – aussi bien ses aspects doctrinaux que sa sensibilité spécifique – en tant que seminarium de l'esprit européen sans que le fait du conflit dramatique entre les Lumières et la tradition chrétienne soit négligé ou minimisé comme un simple malentendu. Le cadre de ma spéculation est le suivant.

Comme dans d'autres grandes religions, une inévitable tension persiste dans la foi chrétienne entre l'idée du monde fini qui manifeste le Créateur, et l'image du même monde en tant que négation de Dieu ; entre la nature qui révèle la gloire et la bonté de Dieu, et la même nature qui, par sa corruption et sa contingence, est la source du mal ; entre le « cuncta

valde bona » biblique, et la terre vue comme le lieu
d'exil pour l'homme ou bien, dans la version extrémiste, presque le fruit du péché commis par Dieu.
L'idée chrétienne telle qu'elle s'était formée et arti-
culée au cours des siècles a dû se battre sans cesse
avec les tendances hérétiques qui affirmaient l'un des
termes entre lesquels cette tension se jouait, de façon
à oublier ou négliger l'autre. Presque toute l'histoire
des hérésies – vue à travers leurs formes théologiques
– peut être interprétée selon ce schéma et les
problèmes majeurs de l'histoire des dogmes et anti-
dogmes apparaissent en tant que variations du même
thème : l'humanité de Jésus-Christ *contre* sa divinité ;
la liberté de l'homme *contre* la grâce et la prédestination ; l'Église visible *contre* l'Église invisible ; la loi
contre la charité ; la lettre *contre* l'esprit ; le savoir
contre la foi ; le salut par les œuvres *contre* le salut par
la foi ; l'État *contre* l'Église ; la terre *contre* le Ciel ;
Dieu créateur *contre* Dieu l'Absolu. L'équilibre maintenu dans des formules fatalement ambiguës ne
pouvait pas ne pas être dérangé continuellement, et
l'enjeu de cet équilibre toujours chancelant, ce n'était
pas la condamnation de telle hérésie, la prison ou le
bûcher pour tel esprit rebelle, mais parfois, on peut
le croire, le destin de la civilisation. Céder outre
mesure à la tentation gnostique pour condamner le
corps, le monde physique, en tant que royaume du
démon ou au moins une région où rien de valeur ne
peut naître, c'est proclamer l'indifférence à l'égard de
tout ce qui se passe à l'intérieur de la civilisation,
voire même le condamner ; c'est annuler moralement

l'histoire profane et le temps profane : une tentation fortement marquée dans les vicissitudes de la chrétienté et à laquelle, au siècle dernier, Kierkegaard a donné une expression admirable. Mais céder trop à la tentation contraire – disons panthéiste pour simplifier – qui glorifie le monde tel qu'il est et se refuse à voir l'inévitabilité et même la réalité du mal, c'est aussi tuer ou affaiblir cette volonté qui est la condition de la conquête de la matière. La condamnation du monde et le refus ascétique de ses appâts d'un côté, et la divinisation du monde et l'oubli du mal de l'autre : entre ces deux pôles, la pensée chrétienne oscille sans cesse et, bien qu'il soit facile de trouver les citations bibliques pour supporter chaque extrême, le courant principal de la chrétienté occidentale s'est obstiné à chercher les formules qui refusent le choix fatal. Il apparaît que l'Europe, en tâtonnant, a réussi à trouver, sous la forme chrétienne, une mesure dont elle a eu besoin pour déployer sa capacité scientifique et technique : garder la méfiance à l'égard du monde physique, non pas au point de le condamner en bloc comme intrinsèquement mauvais, mais au point d'y voir l'adversaire à dominer. On peut se poser la question de savoir si l'invalidation morale et métaphysique de la nature dans la culture bouddhiste n'était pas liée à sa relative stagnation technologique, ou si l'affirmation trop poussée de la nature n'a pas fait un tout avec la faible fertilité technologique du monde chrétien oriental. Ce sont là des spéculations, je l'admets ; pourtant il est difficile de les éviter si on

se demande pourquoi cet essor culturel extraordinaire dont l'Europe fut le siège, est unique. On peut
étendre ce dilemme à des questions plus limitées,
telles que l'affirmation et la limitation de la Raison
naturelle et la place du libre arbitre dans le salut ; on
est tenté de voir toute la lutte entre l'humanisme et la
Réforme dans les termes du conflit entre ces principes
complémentaires, entre lesquels le christianisme
s'efforce sans fin de chercher un équilibre qui ne fut
et ne sera jamais définitivement réalisé.

Certes, ce n'est pas ici le lieu de discuter des
dogmes particuliers. Je ne veux qu'exprimer le
soupçon que l'humanisme moderne, qui est issu de
la tradition chrétienne et qui allait se dresser contre
elle, est arrivé, semble-t-il, au stade où il se tourne
contre l'*humanum* lui-même. L'humanisme tel qu'il
fut dessiné dans le célèbre *Discours sur la dignité
humaine* de Pic de la Mirandole, c'est-à-dire l'humanisme qui se définissait par l'idée de l'inachèvement
de l'homme, son état d'hésitation inévitable, son
insécurité due à sa liberté de décision, est parfaitement compatible avec l'enseignement chrétien.
L'humanisme qui admet en outre que l'homme est
libre, non seulement dans le sens qu'il peut se tourner
vers le bien ou vers le mal, mais aussi dans le sens
qu'il ne trouve aucune règle du bien et du mal qu'il
n'ait faite, qu'aucune norme ne lui a été donnée par
Dieu ou la Nature, mais qu'il a le pouvoir *légitime et
illimité* de former ces normes au gré de ses désirs, n'est
pas compatible avec un christianisme qui a gardé tant
soi peu sa substance.

On peut croire – quoiqu'on ne puisse fournir des preuves décisives pour ou contre – que l'humanisme, pour développer ses potentialités, devait prendre la forme non chrétienne, voire anti-chrétienne ; que, s'il était resté dans les limites de la tradition telles que l'Église les a définies et s'il avait vécu sous la tutelle spirituelle de la théologie établie, il n'aurait pas été capable de créer ce climat d'affranchissement intellectuel dans lequel l'Europe allait se constituer. Supposer cela n'est pas nier ses origines chrétiennes : il est permis de voir dans l'humanisme athée et violemment anti-chrétien des Lumières une forme de pélagianisme extrême, la négation extrémiste du péché originel et l'affirmation extrémiste de la bonté naturelle de l'homme. Il est permis de croire, en outre, qu'après avoir effacé les traces de son origine, cet humanisme, en niant toute limite à la libre construction des critères du bien et du mal, nous a finalement laissés dans ce vide moral que nous nous efforçons désespérément aujourd'hui de remplir, qu'il s'est dressé contre la liberté et a fourni les prétextes pour traiter les personnes humaines comme des instruments à manipuler.

On peut hasarder des observations analogues – à la même échelle dangereusement vaste – sur l'évolution de la confiance dans la raison profane lors de la formation de l'Europe. Le scepticisme, nourri de sources grecques, bien sûr, s'est formé aussi dans une large mesure dans le contexte chrétien. Le « Quod nihil scitur » humaniste marquait l'écroulement de la certitude scolastique et fut d'abord l'expression dramatique de la rencontre de la Raison, cherchant ses fondements en elle-même, avec les mystères de la Foi. Mais, malgré l'importance qu'ont eue les thèmes sceptiques développés dans le cadre conceptuel chrétien – chez Charron, Pascal, Huet, Bayle –, le scepticisme s'est montré victorieux et efficace sous sa forme non chrétienne, dans le nihilisme épistémologique que David Hume nous a légué et qui a survécu, avec des corrections négligeables, jusqu'à nos jours. Encore une fois, il paraît être arrivé au stade de l'impasse intellectuelle.

De même, on peut voir l'inspiration chrétienne aux sources des idées sur lesquelles la démocratie moderne s'est construite. Le Dieu de Locke et le Dieu de la Déclaration d'Indépendance américaine n'étaient nullement un décor rhétorique ; c'est à partir du concept chrétien de la personne comme valeur inéchangeable que la théorie des droits inaliénables de l'homme a été élaborée. Encore une fois, elle devait s'établir contre la résistance de l'Église et elle s'est retournée contre elle-même dès que ses divers impératifs se sont révélés non parfaitement compatibles entre eux et que le concept de l'État en tant que distributeur de tous les biens matériels et spirituels a pris le dessus sur celui de l'inviolabilité des droits des personnes : ainsi le droit de l'homme est devenu le droit de l'État à posséder l'homme ; il a servi donc à fonder l'idée totalitaire.

C'est partout le même schéma doublement autodestructeur. Les Lumières émergent de l'héritage chrétien reconsidéré ; pour s'établir, elles doivent vaincre la résistance des formes cristallisées, ossifiées, de cet héritage ; en s'établissant – sous la forme idéologique humaniste ou réactionnaire (la Réforme) – elles s'éloignent pas à pas de leur origine pour devenir non chrétiennes ou anti-chrétiennes. Dans leur forme finale, les Lumières se dressent contre elles-mêmes : l'humanisme devient un nihilisme moral, le doute mène au nihilisme épistémologique, l'affirmation de la personne subit une métamorphose qui la transforme en idée totalitaire. Avec l'abolition des barrières que la chrétienté avait érigées pour se protéger contre les Lumières, son produit propre, les barrières ont été supprimées qui protégeaient les Lumières contre leur dégénérescence tantôt en déification de la nature et de l'homme, tantôt en désespoir.

Ce n'est qu'à notre époque que le mouvement spirituel se dessine des deux côtés ; le christianisme et les Lumières, pris par un sentiment d'impasse et de désarroi, mettent en question leur signification et leur histoire, mise en question d'où émerge la perspective vague et incertaine de réarrangements nouveaux dont nous ne savons encore rien. Mais ce double mouvement d'auto-questionnement, c'est la continuation du même principe qui a fondé l'Europe, et dans ce sens l'Europe est encore fidèle à elle-même dans son état de détresse et d'incertitude. Si elle survit à la pression des barbares, ce ne sera pas grâce à une issue finale qu'elle découvrirait un jour, mais grâce à la conscience claire que de telles solutions

n'existent nulle part ; et c'est là la conscience chrétienne. Le christianisme n'a trouvé et n'a promis
aucune solution durable pour le destin temporel des
hommes. C'est pourquoi il nous a donné le moyen
de sortir du dilemme « optimisme-pessimisme », si ce
dilemme veut dire le choix entre la croyance en des
solutions finales et le désespoir. Le désespoir, c'est la
chute fréquente de ceux qui une fois avaient cru dans
une solution parfaite et ultime et qui ont perdu leur
certitude. Mais c'est la tradition de l'enseignement
chrétien de nous protéger contre les deux dangers qui
nous menacent : la confiance folle dans notre perfec-
tibilité infinie et le suicide. Dans ses courants
majeurs, le christianisme s'est toujours opposé à
l'esprit millénariste qui surgissait à ses marges et dont
l'explosion spectaculaire a eu lieu lorsqu'il a pris
la forme anti-chrétienne. Le christianisme disait : la
pierre philosophale, l'élixir de l'immortalité, ce sont
les préjugés des alchimistes ; il n'y a pas non plus
d'ordonnance pour une société sans mal, sans péché,
sans conflit : de tels idéaux sont les égarements d'un
esprit assuré de son omnipotence, ce sont les fruits de
l'orgueil ; mais admettre cela ne veut pas dire tomber
dans le désespoir. Nous n'avons pas le choix entre la
perfection totale et l'auto-destruction totale : notre
destin temporel, c'est le souci sans fin, l'inachèvement sans fin. C'est dans le doute qu'elle entretient
sur elle-même que la culture européenne peut trouver
son équilibre spirituel et la justification de sa prétention à l'universalité.

Religion

La question que je voudrais poser est celle-ci : un dialogue entre les différentes religions, mais aussi entre la foi et la non-foi, est-il possible et souhaitable ? Un tel dialogue pourrait-il non seulement faciliter la coexistence, mais aussi mener à une réconciliation ?

À première vue, non. C'est très peu probable. Entre autres parce que le dialogue exige non seulement de la bonne volonté des deux côtés – *la volonté* de voir dans le partenaire du dialogue un partenaire justement, et non pas un ennemi mortel qu'il faut détruire par tous les moyens possibles –, mais également un degré d'incertitude de la part des participants. Quand je suis retranché si fortement dans ma position mentale – ce qui arrive souvent quand il s'agit des convictions religieuses – que les paroles du partenaire ne peuvent pas me toucher, quand mon attitude est inébranlable, le dialogue, quoique formellement possible, est stérile. Je peux encore faire un effort pour convertir l'autre, mais si les deux côtés éprouvent la même certitude et satisfaction totale dans leurs positions respectives, le dialogue véritable ne peut pas naître.

La théologie et la foi

En posant ce genre de question, nous pensons surtout aux débats théologiques. La théologie n'est pas, paraît-il, une partie intégrale de la foi religieuse. Sa fonction est essentiellement négative, défensive. Aussi longtemps que les croyants n'éprouvent pas de doutes sérieux, et que leur foi n'est pas attaquée par les non-croyants ou par les fidèles d'autres religions, ils n'ont pas besoin d'un savoir théologique. Par contre, une religion attaquée, critiquée de l'extérieur ou déchirée par les doutes des croyants, en a besoin pour survivre ; elle a donc aussi besoin d'une classe de gens éduqués qui savent faire face aux doutes et aux critiques. Il est par conséquent normal que pour une religion qui ne vit pas dans l'isolement et qui a parmi ses fidèles des gens intellectuellement bien préparés, la présence de théologiens est nécessaire.

Mais le langage théologique à proprement parler n'est pas un langage de la foi. Il doit être capable de convaincre ; mais le véritable langage religieux c'est le langage du culte, qui ne peut convertir intellectuellement les non-croyants ; il a ses règles propres et ne se laisse pas traduire en un discours de la vie séculière. Confronté à une idéologie rationaliste, il doit paraître beaucoup plus étrange, et autrement étrange que n'est pour moi, par exemple, la langue japonaise, dont je ne connais pas un mot, mais qui est sûrement traduisible en une langue que je connais.

Un rationaliste ne peut pas comprendre comment les gens peuvent être intellectuellement assez ineptes pour croire que dans certaines conditions, grâce à quelques mots prononcés par le prêtre, le vin se transforme en sang – le sang réel du Christ – et que les trois sont un. Pourtant le dogme de la transsubstantiation eucharistique n'est pas la description d'un processus chimique impossible, et le dogme de la Sainte Trinité n'est pas un théorème arithmétique absurde. Ils font partie des actes du culte, compréhensibles aux croyants comme tels, et il est vain d'essayer de les traduire en un langage empirique ou mathématique ordinaire. Ce sont des idées-signes qui font partie du culte. Le nom même de Dieu en fait partie : ce nom est un élément du culte, il est intraduisible en langage ordinaire. Cela ne veut pas dire que nous n'avons vraiment que la théologie négative au sens de Pseudo-Dionyse. Non : dans le culte il faut parler, pas seulement nier. Mais il faut savoir que nos paroles font partie du culte.

Nous savons – les anthropologues nous le disent souvent – que dans les langages archaïques les mots ne sont pas des signes conventionnels qui se laissent aisément remplacer ; il y a un lien intime entre le mot et la chose. On peut même dire que c'est la langue qui produit le monde : que nous ne connaissons le monde qu'à travers la langue dans laquelle nous le décrivons. Le lien magique entre le mot et la chose, nous le retrouvons dans les théories romantiques du langage, par exemple chez Humboldt, et aussi, au XXᵉ siècle, chez Heidegger. La foi en ce lien, ce n'est pas une foi ancienne, produit de superstitions ; c'est une foi que notre langue porte toujours. C'est elle qui nous permet de comprendre aussi ce qui est spécifique dans le langage du culte, puisque c'est dans ce langage que la parenté entre le mot et la chose est fortement marquée : nous comprenons la présence de Dieu puisqu'Il est présent dans notre langue intraduisible. Il ne s'agit pas d'un état émotionnel mais d'un accès *sui generis*, un univers *sui generis* qu'il est vain de vouloir transporter dans le monde de notre vie quotidienne.

Pourtant, cet effort de traduction est inévitable. La pression de la vie et de l'environnement séculiers est telle qu'il est impossible de maintenir une clôture, une frontière infranchissable, entre ces deux domaines de la vie. Il faut parler, et l'isolement parfait de la langue du culte n'est plus faisable. Une ambiguïté dans la vie religieuse est nécessaire, et donc une ambiguïté dans notre existence. Il est possible que le degré de cette ambiguïté soit différent selon les religions. Un chrétien, quand il pense à sa religion, pense surtout à la doctrine. Un juif, par contre, pense surtout à la loi. C'est pourquoi il est assez fréquent dans le monde chrétien de voir des gens qui sont croyants mais non pratiquants, tandis que la même chose est rare, presque impossible, chez les juifs (on dit pourtant que Martin Buber était un juif croyant non pratiquant, mais je n'ai pas de preuves pour confirmer ce jugement). Un juif qui perd sa foi n'est plus capable de la comprendre ; d'habitude il devient indifférent à la doctrine. Le cas d'un juif pratiquant mais non croyant est par contre possible (Gershom Sholem avait une telle réputation). Je n'oserais pas m'exprimer sur cette question dans les religions orientales.

Possible ou non ?

Pourtant, si on reste dans le cadre de notre civilisation, que peut signifier un « dialogue » entre les fois différentes, ou entre les fois et les non-fois ? Serait-ce un débat théologique sur les différents dogmes ? Un tel débat est possible, bien sûr, mais il est peu probable qu'il puisse mener à une réconciliation. Il y a, dans le christianisme, des oppositions doctrinales qui paraissent peu signifiantes. Entre l'Église romaine et la foi orthodoxe, la seule différence dogmatique, c'est, si je ne me trompe, la question du *filioque*. Est-il possible que les deux camps puissent s'unifier de façon à permettre aux fidèles de réciter leur *credo* avec ou sans la clause *filioque*, après avoir admis que la question n'a pas grand poids quand il s'agit du salut éternel de l'homme ? C'est théoriquement possible, mais tout à fait invraisemblable. Des différences dans la liturgie, quoique non doctrinales, sont d'une importance capitale aux yeux des fidèles. Rappelons-nous que la querelle majeure dans les débats du

XIᵉ siècle, querelle qui finalement a divisé notre civilisation en deux camps hostiles, c'était de savoir s'il faut ou non utiliser le pain azyme dans le sacrement de l'eucharistie. Et les problèmes du pouvoir et d'organisation paraissent insurmontables. L'unité des Églises romaine et orthodoxe paraît donc improbable dans un avenir prochain.

Dans d'autres cas, les différences dogmatiques sont vraiment fondamentales : comment l'Église réformée, qui maintient le dogme augustinien de la prédestination, pourrait-elle s'unifier à Rome sans se nier ? Tout récemment, l'instruction *Dominus Jésus* a confirmé clairement que le nom même d'« église » est le monopole de l'Église romaine. Rien de neuf dans une telle revendication, bien sûr ; pourtant, si en même temps le pape appelle les catholiques à prier pour l'unité des chrétiens, nous ne pouvons concevoir cette unité que dans le sens que tous les chrétiens devraient rentrer à Rome, et qu'il faut liquider toutes les autres communautés chrétiennes. Et si on pense encore à la question du célibat, de la prêtrise des femmes, des divorces, de l'infaillibilité du pape, etc., comment imaginer un débat théologique qui puisse aboutir à une unité ?

Comment l'imaginer si on pense à l'opposition du judaïsme et du christianisme, ce schisme douloureux qui a si profondément et si cruellement marqué l'histoire de l'Europe pendant des siècles ? Pourrait-on le guérir par une discussion entre théologiens et savants ? Non. Si c'était possible, nous

aurions eu la solution depuis longtemps. Cette bles-
sure n'est pas due aux erreurs d'interprétation des
textes bibliques commises par un côté ou par l'autre,
mais aux sensibilités différentes dans la vie religieuse ;
non pas aux doctrines théologiques incompatibles,
mais plutôt à la façon dont les croyants éprouvent le
pouvoir de Dieu dans le monde et ses interventions
dans leur vie. Il ne s'agit donc pas de querelles intellectuelles, que l'on pourrait peut-être résoudre, mais
de l'expérience morale et religieuse. Un « dialogue »
conçu en tant que confrontation doctrinale n'a pas
grande chance d'être fécond ou efficace.

La foi et la non-foi

Et que dire du dialogue entre la foi et la non-foi,
entre le croyant et l'athée ou l'agnostique ? Il nous
paraît souvent que c'est la force des arguments
rationnels qui décide dans ce duel qui a duré tant de
siècles. Mais ces arguments, bien qu'indispensables,
ne sont pas décisifs. Les conversions ne résultent pas
d'arguments, qui ne sont jamais irréfutables, pour la
foi ou contre la foi. Et la foi, ce n'est pas l'affirmation
de telle ou telle position doctrinale ; la foi dans le sens
chrétien, dans le sens de saint Paul, c'est la
confiance : la confiance en Dieu. Un non-croyant
peut penser qu'il s'agit d'un conflit que l'on peut
résumer des deux côtés par l'expression : « Je crois
que… » ou « Je ne crois pas que… ». Mais en réalité la
foi au sens chrétien n'est pas un acte intellectuel dont

on décide le bien-fondé ou non par des procédés logiquement constitués. D'où l'affirmation « je vis dans la foi » ne présuppose pas l'affirmation théorique « Dieu existe », bien qu'il soit évidemment impossible de dire en même temps : « J'ai confiance en Dieu » et « Dieu n'existe pas ». Ceux qui vivent dans le monde de la foi ne se soucient pas nécessairement des arguments intellectuels – dont la force, je répète, n'est jamais irréfutable –, bien que ces arguments puissent parfois leur être utiles.

Il y a, bien sûr, des arguments de nature morale employés par les croyants ainsi que les non-croyants pour affaiblir la position de l'adversaire d'une autre façon. Le non-croyant dit : « Toi, le croyant, tu as une foi inébranlable en un nombre de dogmes ; par conséquent, tu es convaincu d'être le possesseur de la vérité absolue, irréfutable, sur les questions les plus importantes, questions qui décident de notre destin éternel. C'est pourquoi l'Église, pendant des siècles, s'attribuait le droit de persécuter ceux qui, selon elle, étaient les ennemis de la vérité. L'Inquisition et les croisades avaient peut-être aussi des raisons politiques, mais leur justification finale était la même : l'Église catholique est le possesseur de la vérité totale, de la doctrine infaillible. Nous ne sommes plus victimes de l'Inquisition, c'est vrai, mais nous voyons les mêmes mécanismes mentaux, les mêmes formes d'intolérance, et la même haine des autres, chez les fidèles de Mahomet. » C'est l'argument du non-croyant.

Et le croyant répond : « D'après toi, donc, c'est la religion qui fomente le fanatisme et les persécutions, et c'est parce que les organismes religieux justifient ses prétentions à la vérité totale et absolue. C'est possible, oui. L'Église romaine a reconnu le mal et a dit son *miserere*. Mais nous avons vu, au cours du XXᵉ siècle, des brutalités semblables, ou même pires, contre la religion, y compris des meurtres et des camps de concentration pour les prêtres et les fidèles, la destruction de temples, cette fois au nom de la science, dans les pays communistes, surtout en Union soviétique et en Chine. C'est la Raison éclairée prétendue qui l'exigeait. Et le communisme n'a jamais accepté la différence entre le pouvoir civil et spirituel, ni la séparation entre les deux ; l'idéologie et l'appareil d'État étaient dans les mêmes mains, autrement qu'en Europe médiévale. »

Voilà le soi-disant dialogue entre la foi et la non-foi. Il faut admettre que les arguments des deux côtés sont raisonnables, c'est-à-dire que la religion aussi bien que l'antireligion puissent produire des fanatismes dangereux.

Faut-il donc en conclure qu'un dialogue entre les deux positions est impossible et vain ? Non ; un tel dialogue est possible, imaginable sous certaines conditions. Un dialogue qui ne serait qu'une cumulation d'arguments pour et contre l'existence de Dieu, quoique possible, ne serait pas fécond, puisque nous savons d'avance qu'il ne mènerait jamais à une conclusion admise par les deux côtés, et donc qu'il ne finirait jamais ; en effet, ce dialogue-là dure depuis

des siècles, depuis l'Antiquité grecque, et il continue.
Mais on peut dire ceci : il est important que la foi et
la non-foi aient toutes les deux une place dans notre
culture ; elles sont toutes les deux intellectuellement
légitimes, et moralement elles font partie de la
conversation éternelle quoique maladroite dont notre
culture a besoin. Il est important qu'elles puissent
coexister sans qu'un côté détruise l'autre. Par leurs
critiques mutuelles, chacune stimule la réflexion de
l'autre, et de cette réflexion les deux peuvent tirer
profit. Cette confrontation-là, sans hostilité et sans
suspicion, est possible.

Un échange de signes

Dans la confrontation des religions différentes,
aussi bien dans le monde chrétien qu'entre le christianisme et les autres grandes religions, le soi-disant
dialogue, s'il doit porter ses fruits, ne peut pas être
une série de discussions sur des questions spécifiques
de doctrine. Nous devons toujours nous rappeler
deux conditions, bien connues et mentionnées à
maintes reprises par ceux qui ont discuté cette question. Il s'agit d'abord du fait que, dans l'espace
religieux, tous les éléments de la doctrine, ainsi que
les normes morales, les formes rituelles et l'expérience des fidèles, sont inextricablement liés ; aucun
élément – aucun mot, aucun geste – n'est compréhensible que par référence à la forme complète, au
bâtiment entier de la foi. C'est toujours du contexte

spirituel que le sens de chaque élément dépend. Deuxièmement, il faut rappeler que le début de la foi, c'est la foi ; c'est-à-dire que le principe *credo ut intellegam* règne dans toute religion. Une religion rationaliste n'existe pas ; en tout cas une telle religion n'est pas une religion au sens propre.

Ces deux circonstances nous permettent de voir ce que peut et ne peut pas être un dialogue entre les religions. S'il est utile, il n'est pas un débat savant entre théologiens. Il est un échange de signes qui révèlent le sens commun de toutes les religions. Un pape, tel Jean Paul II, qui prie dans une synagogue participe à un dialogue, bien qu'il ne le dise pas, qu'il ne prononce pas de discours qui soulignerait l'accord entre la doctrine chrétienne et juive, et que sa prière ne soit qu'un geste amicale envers la communauté juive.

Ce sont les signes de ce genre qui montrent, sans exposition doctrinale, ce qui unit une religion avec une autre, ou même avec toutes les grandes religions. Souvenons-nous des tentatives iréniques du XVIIᵉ siècle, efforts vains et naïfs dont le but était de trouver des points doctrinaux semblables ou identiques dans toutes les fractions du christianisme, à l'époque fragmenté et déchiré par les querelles et les guerres, de réduire la religion chrétienne à ce nœud commun et mettre de côté tout le reste, qui n'était qu'une collection d'adiaphora, des choses sans importance. Ces tentatives n'ont pas mené à la paix souhaitée parce qu'aucun corps religieux ne pouvait tolérer que quelqu'un de l'extérieur explique ce qui était important ou moins important ou pas important dans leur foi.

Un centre commun

Même si ces efforts iréniques n'ont abouti à rien, il reste néanmoins possible qu'un nœud commun, un centre commun de toutes les religions se laisse découvrir. Ce centre n'est pas, à strictement parler, une doctrine commune ; c'est plutôt une attitude spirituelle qui peut créer une vision du monde, une attitude qui est inexprimable en mots – toute tentative d'une telle expression serait inévitablement douteuse et maladroite. Mais il faut malgré tout essayer de l'exprimer, puisqu'un sentiment inexprimé n'est pas capable de former une foi commune. Ce centre, c'est une façon de voir le monde non pas comme une machine aveugle, l'univers de Démocrite ou des matérialistes de notre siècle, mais comme un corps vivant propulsé par une espèce d'énergie spirituelle. Cette énergie a une direction, un but ; en plus, elle tend vers le Bien, et nous devons le croire malgré les horreurs et la misère, malgré tous les maux de ce monde.

Il est naturel, bien sûr, que ce centre soit entouré par des millions de croyances particulières différentes, formées par la force de toutes les différentes conditions sociales, psychologiques, linguistiques. Toujours est-il que dans la vie religieuse ce centre

existe, et ce n'est pas une philosophie ou une théologie distillée de toutes ces sources séparées, mais
plutôt la foi au sens traditionnel, au sens de saint Paul
– la confiance, confiance en la vie et en un sens caché
au fond du cours chaotique et incompréhensible des
choses. Ce sens ne se laisse pas découvrir par l'observation simple ou par des analyses scientifiques, et le
fait qu'il soit caché fait partie de sa nature ; autrement
la foi serait inutile. La foi et le sens du monde sont
inséparables. Cela veut dire que ce sens n'est pas
comme un trésor qui est déjà là, tout prêt, en atten-
dant l'explorateur noble ; c'est un trésor qui est né et
qui se développe dans le processus même de la
découverte : c'est dans la naissance de Dieu que
l'homme le voit.

S'il existe vraiment une telle communauté spirituelle dans les religions, peut-on parler d'un
dialogue ? Le mot n'est peut-être pas bien choisi.
Chaque religion est ancrée dans l'histoire, et il est
probablement vain d'espérer qu'un effort œcuménique puisse produire une religion globale, unifiée.
Les religions ne vont probablement pas perdre leurs
identités, leurs langages spécifiques cristallisés dans
la doctrine et les rites. Elles peuvent pourtant survivre
sans hostilité ; la communication entre elles, basée
sur la foi dans le sens que j'ai essayé de décrire, peut
être amicale, elle peut aider dans l'échange de signes
qui se réfèrent à cet espace de la foi commune. Est-
ce possible ? N'est-ce pas une utopie naïve ? Je crois
que c'est possible. Après tout, les guerres religieuses
à l'intérieur de la chrétienté ne sont plus pensables.

L'islam est la seule grande religion qui maintient l'esprit guerrier.

Parler d'un « dialogue » et d'un projet œcuménique est moins important que la pratique de la foi commune. En fin de compte, ce que la religion, toute religion, doit nous enseigner, c'est la bienveillance dans les relations entre les êtres humains. Rien n'est plus important dans le monde et rien n'est plus difficile. Mais nous avons besoin de cet effort.

La métaphysique et l'expérience du Mal
Leibniz et Job

L'histoire de la réflexion humaine sur le Mal, c'est l'histoire entière de la théologie, de la philosophie, de la religion et de la littérature, des *Rig Veda* jusqu'à Platon, jusqu'à Dostoïevski, jusqu'à Wittgenstein. Et l'histoire des opérations effectives du Mal dans la vie humaine c'est l'histoire entière de l'humanité, des tribus paléolithiques jusqu'à nos jours.

Il y a deux façons – chacune avec un nombre de variations – dont les philosophes, les théologiens, les savants et les gens ordinaires ont essayé, pendant des siècles, de faire face au soi-disant problème du Mal. Tous nos soucis spirituels importants nous offrent le même choix : nous pouvons soit nous efforcer de résoudre le problème, soit nous en débarrasser en le déclarant non valide, en niant qu'une telle question existe. Parmi ceux qui voulaient faire face au problème et répondre à la question du Mal, on trouve les avocats de deux métaphysiques fondamentalement opposées (en apparence) : les chrétiens et les manichéens. Parmi ceux qui niaient sa légitimité (pour des raisons variées), il y a certains mystiques et panthéistes, tous les marxistes et communistes, la plupart des utopistes, et la plupart des avocats de la vision naturaliste du monde, tels les nietzschéens, les nazis et les darwinistes philosophiques.

Le meilleur des mondes ?

Il est vrai et trivial que l'idée du Mal comme négativité pure découle de la foi en un Créateur qui est unique, et en même temps infiniment bon ; par conséquent, tout ce qui existe est nécessairement bon, donc l'existence elle-même est bonne aussi. Ceci est, je le répète, une déduction logique, non pas un résultat de l'expérience. C'est surtout à l'aide de cet argument que la théodicée chrétienne a fait l'effort énorme, héroïque, pour répondre à l'expérience la plus commune des gens ordinaires – celle du Mal. Quand saint Augustin dit que la présence même du Mal doit être bonne, autrement Dieu n'aurait pas permis au Mal de paraître, ce qu'il dit est l'évidence même dans les catégories chrétiennes. C'est aussi une déduction logique de l'idée de Dieu : Dieu aurait pu, s'il l'avait voulu, empêcher le Mal d'apparaître, mais il préféra le laisser agir, pour des raisons que lui seul connaît.

Leibniz essaye, également par déduction, d'expliquer d'une façon plus spécifique les raisons possibles de Dieu. Ayant prouvé l'existence nécessaire de

Dieu, et, séparément, sa bonté suprême, il déduit que Dieu a certainement dû créer le meilleur monde qui soit logiquement concevable, et que ce monde est le monde que nous habitons ; tout autre monde serait pire.

Les railleries fameuses de Voltaire sur cette idée sont trop faciles ; Leibniz fut bien conscient des horreurs de la vie. Pourtant, si l'être divin est conçu de cette façon, la conviction de la bonté suprême du monde créé est irrésistible. Elle implique que Dieu, dans sa sagesse, a dû résoudre une équation infiniment complexe pour calculer quel monde produirait le maximum de bonté. La tradition chrétienne a toujours souligné, après Platon, la distinction entre le mal moral et la souffrance : le mal moral, *malum culpae*, est un résultat inéluctable de la libre volonté humaine (ou angélique), et le Créateur a calculé qu'un Univers peuplé par des créatures raisonnables, ayant la volonté libre et par conséquent capables de faire du mal, produirait plus de bien qu'un monde dont les habitants seraient effectivement des automates programmés pour ne jamais faire de mal (et probablement, bien que Leibniz ne le dise pas explicitement, pour ne jamais faire de bien non plus, si par une bonne action nous entendons une action qui est volontaire et non pas faite sous contrainte).

En ce qui concerne la souffrance qui n'est pas causée par les êtres humains (*malum poenae*, dans l'idiome chrétien), il y a deux réponses possibles. L'une dit que c'est l'œuvre des esprits malicieux, dont l'action est permise par Dieu pour nous punir, nous corriger, nous prévenir, etc. L'autre, dans l'esprit leibnizien, dit que cette souffrance est l'effet des lois de la Nature, et que Dieu n'est pas omnipotent dans le sens qu'il puisse produire n'importe quelle combinaison de choses, imposer à l'univers physique un ordre sans régularité stricte et sans collisions des choses. Les penseurs chrétiens qui croyaient (tels certains nominalistes du XIVe siècle, ou, parmi les philosophes du XXe siècle, Chestov) que Dieu est omnipotent dans le sens absolu – qu'il peut, par exemple, changer le passé et établir les normes morales et les lois de la mathématique par un *fiat* simple – seraient plus vulnérables à la critique épicurienne traditionnelle : puisque le Mal existe dans le monde, Dieu est soit mauvais soit impuissant. Mais cette critique ne touche pas la théodicée leibnizienne, dans laquelle Dieu ne peut pas changer les règles de la logique ni de la mathématique. Ceci ne limite pourtant pas son omnipotence, puisque ces règles, valables en elles-mêmes, ne s'imposent pas à Dieu comme une législation venue de l'extérieur, mais sont identiques à lui. Nous ne devrions donc pas nous plaindre, ni demander à Dieu pourquoi il ne nous a pas donné un monde paradisiaque sans souffrance. Dieu, d'ailleurs, ne nous a jamais promis qu'il suspendrait les lois de la Nature pour notre plaisir, ni qu'il ferait des miracles pour que les gens ne puissent pas se faire du mal entre eux ; il n'a pas promis un monde sans guerre, sans torture, sans Auschwitz et sans les Goulags.

Le mystère

Tout ceci est trivial et bien connu. Pourtant, beaucoup de gens trouvent que cette structure théologique ne leur donne pas une explication satisfaisante du Mal qu'ils éprouvent et qu'ils font. L'esprit ordinaire n'est guère convaincu par l'idée que le Mal est une privation pure, la négativité ; que le Diable est bon dans la mesure où il existe ; que les souffrances et la douleur humaines font partie du meilleur arrangement que Dieu aurait pu inventer pour le monde. L'esprit ordinaire est plutôt prêt à répéter la remarque fameuse de Voltaire après le tremblement de terre à Lisbonne : le monde serait donc pire sans cette catastrophe ? Doit-on dire que le monde serait pire s'il n'y avait pas eu d'Auschwitz ni de Goulags ? Et d'ailleurs, si je ne m'étais pas blessé au doigt en coupant les tomates ?

Mais Leibniz, et tout autre théologien chrétien, dirait que c'est une mauvaise façon d'aborder la question. Ils ne prétendent pas appliquer l'algorithme divin et prouver que, vu de plus près, le cas particulier de la souffrance, horrible qu'il puisse être, s'avère bon dans la comptabilité infinie globale, puisqu'il empêche un mal plus grand ou rend possible un bien plus grand. Le bilan n'est connu qu'à Dieu. Nous ne sommes pas capables de le reproduire, et il serait vain d'essayer. Plus encore, nous ne saurions pas mesurer et comparer quantitativement tous les maux et les biens dans leur variété infinie. La seule façon appropriée d'aborder le problème du Mal c'est de faire confiance d'avance en Dieu et ses projets, sans se plaindre, et d'accepter toute la misère de l'homme et toute la destructivité indifférente de la nature. L'idée, que l'on trouve aussi bien chez saint Augustin que chez Hegel, que le Mal est utile pour des raisons esthétiques, puisqu'il embellit le monde grâce au contraste qu'il crée, semble encore plus grotesque.

Manichéens

On peut facilement comprendre que, face à tant d'énigmes bouleversantes, l'intellect humain trouva une autre solution, nommée, à juste titre ou non, manichéenne. Elle remonte à l'ancienne mythologie iranienne, et elle paraît convaincante et conforme à notre expérience quotidienne. Elle dit qu'il y a deux forces, ou deux dieux jumeaux, l'un bon, l'autre méchant, qui luttent l'un contre l'autre, et que le mal que nous connaissons par expérience, c'est-à-dire la souffrance, est simplement l'œuvre du dieu méchant. La théologie manichéenne, contrairement à ses cousins gnostiques et à la doctrine chrétienne, voyait la Matière comme une création de la force méchante. La vision manichéenne du monde a été une tentation constante pour l'esprit européen. Que des forces sataniques, quelles que fussent leurs origines, s'efforcent inlassablement à contrarier les intentions bienveillantes de Dieu, et que souvent elles réussissent – cette explication nous paraît plus naturelle que

d'autres, et plus conforme au bon sens. L'interprétation manichéenne se laisse facilement absorber par
notre esprit. Même le judaïsme, la religion d'un seul
Dieu par excellence, le modèle de la pensée mono-
théiste, n'est pas tout à fait libre de cette tentation.
Gershom Sholem, le grand savant spécialiste de
l'histoire des Kabbala et de la mystique juive, nous
dit que le livre de Zohar présente souvent le Mal
comme une réalité positive et non pas comme une
privation. Les pouvoirs de Dieu créent un ensemble
harmonieux, sa main droite distribuant son amour et
sa miséricorde, la main gauche étant l'organe de sa
colère, mais quand la main gauche opère indépendamment de la droite, c'est le Mal radical qui
apparaît, le royaume de Satan. Je ne sais pas si Jacob
Boehme connaissait les écrits cabalistes, mais sa théo-
sophie contient une idée semblable : le Mal est le
principe négatif de la colère de Dieu ; il est indépendant de la volonté de l'homme, et il est enfoncé dans
la structure du monde.

Certains platoniciens de l'Antiquité (tels que
Plutarche de Chironeia ou Numenius) ont aussi été
tentés par cette idée de deux forces indépendantes,
bonne et mauvaise. Tandis que pour Plotin le Mal est
simplement le barreau le plus bas de l'échelle de
l'être, la bonté absolue du Un ne pouvait pas éviter
la descente naturelle de la réalité dans la Matière.
Mais il rejette avec horreur les doctrines gnostiques
selon lesquelles le Créateur du monde est mauvais
lui-même.

La foi biblique

Même dans les dogmes de l'Église romaine, on peut trouver le résidu de cette théologie « dualiste ». La matière ne peut pas être mauvaise, bien sûr ; et l'Église condamna également, en 1347, la théorie de Nicolas Autrecourt selon laquelle le monde serait absolument parfait, aussi bien dans son ensemble qu'en chacune de ses parts (« *universum est perfectissimum secundum se et secundum omnes partes suas* ») – peut-être parce qu'une assertion si audacieuse pouvait suggérer qu'il n'y a pas de Mal dans le monde : que la volonté des créatures corrompues, humaines ou diaboliques, n'existe pas. Mais la doctrine catholique, qui affirme l'éternité de l'Enfer et le sort irréversible des anges déchus, implique que certaines parties du Mal, voire des très grandes parties, sont indestructibles, incurables et irrachetables, et que l'univers sera toujours divisé entre deux royaumes moralement opposés l'un à l'autre. Rien d'étonnant que certains Pères grecs, et plus tard certains théologiens, n'ont pas pu avaler ces dogmes, ni les réconcilier avec l'image d'un Créateur absolument bon et charitable.

L'Église, dans ses prononcements dogmatiques, a souvent affirmé que le Mal moral, bien que permis par Dieu, n'est jamais causé par Lui ; que la misère et la douleur humaines, si elles ne peuvent pas être attribuées à la malveillance des autres, servent à quelque chose de bien, et donc que ce ne sont pas vraiment des maux. Les prêtres et les théologiens ont parfois essayé d'expliquer les souffrances humaines, les calamités et les atrocités, en disant qu'elles font partie d'un plan divin astucieux, mais l'Église a évité de prononcer ce genre de commentaire d'une façon officielle, nous conseillant plutôt de nous contenter d'une confiance globale, inconditionnelle.

Nous savons tous, en fait, que la douleur et les catastrophes sont (du moins en apparence) distribuées au hasard et qu'elles ne peuvent pas être interprétées en termes de mérites et péchés, récompenses et punitions. Job aussi le savait. Il n'a pas essayé de construire une théodicée. Toute sa vie, il avait été un homme juste, et Dieu aussi savait que sa souffrance n'était pas une rétribution pour ses crimes. Job souffre terriblement sans raison, mais il continue de dire qu'il fera confiance à son Dieu même si Dieu le tue (Job 13.15). Il accepte que Dieu seul est la source de la sagesse et que ses voies sont impénétrables. Dieu lui-même est fâché contre les conseillers de Job, les théologiens, probablement parce qu'ils maintiennent que les souffrances de Job sont une punition méritée pour ses péchés. Tout le livre de Job semble s'opposer à la théorie de la souffrance comme rétribution juste. Et voilà ce que Dieu dit à Job et sa femme après de longs siècles dans la pièce de Robert Frost, *A Masque of Reason* :

> « Au cours de mille ans, je t'ai gardé dans mon esprit.
> Je voulais te remercier un jour de m'avoir aidé
> À établir une fois pour toutes le principe
> Qu'il n'y a pas de lien que l'homme puisse saisir

Entre ce qu'il a justement mérité et ce qu'il reçoit.
La vertu peut perdre et la malice triompher...
Depuis trop longtemps je te dois ces excuses
Pour le malheur, absurde en apparence,
Qui t'a accablé en ces temps-là.
Mais il était essentiel pour l'épreuve
Que tu ne puisses pas la comprendre.
Je devais paraître privé de sens pour acquérir le sens.
Merci de m'avoir libéré
D'un esclavage moral à la race humaine...
Au début, la seule volonté libre fut celle de l'homme
Qui pouvait faire du bien ou du mal selon son choix.
Et moi, je n'avais pas le choix, je devais le suivre
En distribuant châtiments et récompenses qu'il
comprendrait...
J'étais contraint de punir le Mal et de faire fleurir
le Bien.
Tu as changé tout cela. Tu m'as permis de régner.
Tu es le libérateur de ton Dieu. »

L'horreur de cela, nous le voyons : la bonté
suprême ne se laisse pas réconcilier avec la libre
volonté comme nous la concevons. Elle n'a qu'une
option en chaque situation : augmenter le Bien. Et
c'est ce que l'histoire de Job changea : Dieu est libre.
Il peut maintenant aider le malfaisant et tourmenter
le juste, selon son désir ou caprice. S'il en est ainsi,
aucune théodicée n'est possible ni nécessaire. Peut-
être qu'une théodicée tout à fait conséquente n'a
jamais été écrite ?

Par-delà le Bien et le Mal

Dans les mythologies, le Mal est expliqué de différentes façons ; les dieux sont souvent doués de bonnes et mauvaises qualités à la fois. Je ne suis pas assez compétent dans la matière pour m'étendre sur les complexités des théories du Mal des religions orientales. Nietzsche dit que le bouddhisme est au-delà du Bien et du Mal. Cela peut être vrai dans le cas de certaines variétés du bouddhisme, purifiées de l'imagerie mythologique qui est venue plus tard. Pour certains sages bouddhistes, et paraît-il pour Gautama lui-même, le monde de notre expérience n'est que misère et souffrance ; on ne peut se libérer ni trouver le salut qu'en l'abandonnant. Certains penseurs européens partageaient cette idée. Nous nous souvenons tous des paroles immortelles de Socrate mourant : « Criton, nous devons un coq à Asclépius ». Ce qui veut dire : ici se termine la maladie qui s'appelle la vie.

Mais ce n'est pas là, bien sûr, une conviction universelle. Il y a des panthéistes et des mystiques si immergés dans l'environnement divin que le Mal ne se laisse pas remarquer dans leur univers. La lumière de Dieu pénètre tout et nous n'avons aucune raison de nous plaindre, car le monde est plein de joie, et, comme dit Eckhart, « ce qui est de Dieu est Dieu ». Ou, comme dit le mystique français du XVIIe siècle, Louis Chardon : « Dieu dans le ciel est plus mon ciel que le ciel même, dans le soleil il est plus ma lumière que le soleil même, dans l'air il est plus l'air que l'air que je respire. »

Il peut bien ne pas paraître évident pourquoi nous employons le même mot pour parler de souffrance et de malfaisance. Beaucoup de penseurs, chrétiens ou non, ont identifié le Mal avec le mal moral. Selon Épictète, il n'y a pas de mal ni de bien dans ce qui ne dépend pas de notre volonté ; il n'y a point de mal dans les coups inévitables du destin ; il nous faut chercher le bien et le mal dans nous-mêmes. Et un homme sage peut tout tourner en bien : maladie, mort, misère. La seule chose dans le monde qui soit opposée à Dieu, c'est le péché, dit Benjamin Cudworth, le platonicien de Cambridge, et le péché c'est un non-être, c'est le rien. Dieu lui-même a dit à Catherine de Sienne qu'aucune souffrance ne peut racheter notre culpabilité, la pénitence seule peut le faire. Il ajouta que le pire péché c'est le refus ou la méfiance envers la miséricorde divine. Le désespoir de Judas fut un péché plus grand et plus outrageux à Dieu que sa trahison de Jésus.

Tout ceci suggère que la souffrance en elle-même est moralement indifférente. Ce ne sont que nos intentions, nos actes, notre volonté qui se laissent évaluer.

Devrais-je dire, alors, que c'est uniquement ma propre sainteté qui doit me préoccuper, et non pas le problème du Mal qui existe dans le monde, ni celui de son éradication ? Une telle attitude serait peut-être en accord avec la morale des Stoïciens, mais non pas

avec le bon sens, qui me dit de condamner non seulement mon propre Mal mais tout le Mal dans le
monde humain.

Mais dans ce cas une restriction est nécessaire. Si
« le Mal » veut dire seulement le mal causé par la
volonté humaine, le sens de ce mot exclut la souffrance causée par les forces de la nature, ou même par
les actions humaines si leurs effets nocifs ou douloureux n'étaient pas intentionnels. Et puisque le mot
« Mal » a une association morale, si nous l'appliquons
aux tremblements de terre, aux pestes ou à la mort
par tonnerre, nous présupposons que de tels événements sont causés intentionnellement, que rien ne
résulte simplement des opérations aveugles des lois
de la nature, mais que tout fait partie d'un plan. C'est
cette interprétation-là que nous offre la vision religieuse archaïque de l'univers, et elle n'exclut pas
nécessairement l'acceptation des lois de la nature.
Selon de nombreux théologiens, Dieu, dans son
omniscience, a inclus les événements naturels dans
l'ordre moral de l'univers : ils arrivent par nécessité
naturelle, mais ils ont aussi un but ; ce ne sont pas des
miracles qui brisent la chaîne de la causalité. Une
telle interprétation n'est pas loin de la position leibnizienne. Et, comme maintenait Malebranche, même si
les événements naturels sont causés directement par
Dieu, et que le monde est donc une série infinie de
miracles, la régularité de l'ordre naturel n'est pas
brisée.

Ceux qui, implicitement ou explicitement,
voudraient abolir la question du Mal pour des raisons

religieuses croient au Bien : ils croient que le Bien pénètre le cosmos matériel et spirituel tout entier.

Et puis il y a ceux qui se placent du côté opposé de la gamme – aussi bien la théologique que l'antithéologique : ceux qui croient que le Mal et le Bien ne sont que des inventions mythiques. Pour eux, le plaisir et la douleur existent, bien sûr, et se laissent expliquer dans les catégories naturelles, mais en eux-mêmes ils n'ont pas de qualités morales. Ces qualités – le bien et le mal – ne sont pas intrinsèques aux événements ; quelque chose ne peut être agréable ou désagréable, bienfaisant ou nuisible, qu'à l'individu – à vous, à moi, à lui. Sans cette référence à l'individu même, les mots « agréable » et « désagréable » n'ont pas de sens, sans parler des mots « bien » et « mal ». Hobbes, Hume et Spinoza ont tous partagé cette opinion (bien que chez Spinoza les choses sont plus compliquées). Selon Nietzsche, nous n'avons pas besoin du mot « Mal » (*das Böse*) ; le mot « mauvais » (*das Schlechte*) suffit, c'est-à-dire quelque chose qui produit des effets non désirables ou qui ne mène pas à nos objectifs. La même idée est suggérée par le titre même du livre fameux de Konrad Lorenz sur l'agression, *Das sogennante Böse*.

Dans la vision naturaliste ou matérialiste du monde, les qualités morales telles le bien et le mal sont inadmissibles, inutiles et trompeuses, car elles suggèrent que quelque chose peut posséder ces qualités inconditionnellement et indépendamment des circonstances, et une telle suggestion pourrait bien cacher une origine religieuse.

Triomphe du diable ?

On peut voir cela clairement dans la *Welt-anschauung* marxiste et communiste. Pour prendre un exemple dans la littérature :

Un personnage dans le roman de Soljénitsyne, *Le Pavillon des cancéreux*, visite le jardin zoologique, et y voit une cage vide avec une notice attachée ; la notice dit que le singe qui avait vécu dans cette cage fut aveuglé en conséquence de la cruauté d'un visiteur : *un homme mauvais* lui avait jeté du tabac dans les yeux.

C'est un choc pour le visiteur. Comment ? Un homme mauvais ? Non pas un agent de l'impérialisme américain, mais tout simplement un homme mauvais ? Quelle description bizarre !

L'étonnement du visiteur est authentique et compréhensible. Car l'adjectif (et aussi le nom) « mal », comme une description d'une qualité morale, était absent du jargon de l'idéologie soviétique totalitaire. Il y avait, bien sûr, des criminels, des monstres, des traîtres, des agents étrangers ; mais quelqu'un qui fût tout simplement un mauvais homme ne pouvait pas exister. Non seulement parce que cette qualité, le mal, pouvait suggérer une tradition religieuse, mais aussi parce qu'elle suggérait une propriété intrinsèque, durable, d'une personne ou d'une action, indépendante du contexte politique. Cependant, il est évident pour tous ceux qui pensent dialectiquement que des actions qui sont en apparence semblables peuvent être justes ou injustes selon les circonstances, ou plus précisément selon un seul critère : au nom de qui elles sont exécutées. Lénine et Trotski étaient explicites sur ce point. Par exemple : y a-t-il quelque chose d'intrinsèquement injuste dans l'assassinat des enfants ? – Non. Trotski dit qu'il était juste de tuer les enfants du tsar parce que c'était politiquement utile (on peut supposer que tuer les fils de Trotski, par contre, n'était pas juste, parce que Staline ne représentait pas le prolétariat ; pour autant que je peux dire, Trotski n'a pas répondu à cette question directement, mais une telle réponse serait parfaitement en accord avec sa mentalité fanatique). Il dit, en outre, que si nous rejetons le principe que la fin justifie les moyens, nous devons faire appel aux critères prétendument plus élevés, qui n'ont rien à voir avec la politique, et ceci présuppose que nous croyions en Dieu.

Ceci n'est pas à proprement parler une doctrine relativiste, puisque d'habitude nous réservons cette étiquette pour la conviction que la même action peut être bonne ou mauvaise selon les circonstances. Mais ce n'est pas exactement ce que dit une personne qui pense dialectiquement. Elle ne dit pas que la *même* action peut être juste ou injuste selon les circonstances ; elle dit que des actions qui sont *en apparence semblables* peuvent l'être, mais que leur similarité est superficielle. Dans un cas, nous éliminons les ennemis potentiels du prolétariat (les enfants du tsar), et notre action est politiquement juste ; dans l'autre cas, nous commettons un crime contre la mission du prolétariat. De même, la libération d'un

pays de l'oppression capitaliste ne peut pas être qualifiée d'« invasion », les camps de concentration nazis
ne peuvent pas être comparés au système d'éducation
d'un État socialiste, etc. Nous avons une connaissance scientifique du progrès de l'histoire, et nous
savons donc qu'une fois que tout devient la propriété
de l'État – y compris les êtres humains – la porte est
ouverte à la jubilation universelle. Ainsi nous savons
ce qui est juste ou injuste, politiquement correct ou
non ; nous n'avons pas besoin de descriptions super-
stitieuses telles que « le mal ». Inutile d'ailleurs de
s'attarder sur cette « dialectique » primitive et ce
langage mensonger, ils sont bien connus.

   Qu'est devenue notre question ? Avons-nous
besoin de l'idée du Mal ? Ne pouvons-nous pas nous
contenter de la distinction entre l'agréable et le désagréable (toujours avec la référence à une personne, au
temps et au lieu) ? Mais qui est suffisamment coura-
geux et dogmatiquement rigide pour prétendre que le
Bien et le Mal ne sont pas des qualités empiriques ?
Que la perception des qualités morales, y compris
l'intuition du mal, n'existe pas ; que tous les siècles
de l'expérience humaine, depuis les cruautés de
l'Antiquité jusqu'aux monstruosités du XXe siècle,
n'ajoutent rien à la soi-disant « question du Mal », et
peuvent être écartés comme autant d'impressions
désagréables (et personne ne nie que des choses désagréables arrivent aux gens) ? Je finis avec une
remarque faite par un théologien catholique dont le
nom m'échappe : il a dit qu'il peut comprendre que
l'on puisse ne pas croire en Dieu, mais qu'il y ait des
gens qui ne croient pas au Diable, cela le dépasse.

La politique et le diable

La doctrine de l'Église

Selon la doctrine chrétienne traditionnelle, le diable est incapable de créer ; parce qu'elle est l'œuvre de Dieu, la création est bonne sans limitation ni restriction aucune ; la nature tout entière, en tant qu'elle émane de Dieu, est bonne par définition ; à l'inverse, la méchanceté, qu'elle soit diabolique ou humaine, est pure négativité. Pour accomplir son œuvre de destruction, le diable est donc contraint d'utiliser le matériau fourni par Dieu et d'en dévoyer l'usage : son activité malfaisante se développe de manière purement parasitaire sur l'excellence de la création. En ce qui concerne l'homme, cette perversion consiste principalement en ceci que le diable – tirant naturellement parti de la méchanceté qui est notre lot commun par l'effet du péché originel – nous induit à la tentation de considérer comme des biens en soi des biens qui ne sont que relatifs et d'adorer des biens secondaires comme s'ils méritaient le respect dû à Dieu, ce qui revient à substituer les créatures au Créateur. C'est en cela que consistent en effet la plupart de nos péchés. Nos tendances, nos instincts et nos désirs naturels sont bons en tant que tels : ils ne donc pas condamnables, à condition qu'ils visent en dernier ressort Dieu comme le bien suprême, au lieu d'être pris eux-mêmes pour fin. Nos besoins physiques et mentaux doivent être satisfaits, si du moins nous gardons à l'esprit que Dieu est leur but ultime. Le savoir est louable et désirable, si nous employons notre raison à percer les mystères de la nature afin de mieux connaître l'ordre divin et, par là, le créateur même de cet ordre. Les plaisirs de la vie sont honorables, pour autant qu'ils servent la vie et si nous n'oublions pas que la vie est faite pour chanter la gloire du Seigneur. Nous aimons les autres comme il faut les aimer quand nous aimons Dieu à travers eux.

Cela n'est pas moins vrai dans le domaine politique que dans tous les autres. Dans la mesure où la politique se ramène à une simple lutte pour le pouvoir, elle est, du point de vue chrétien, condamnée par définition à être le domaine du diable : elle ne fait alors que donner libre cours à notre *libido dominandi*, en se réduisant à une énergie qui se déploie, en quelque sorte, pour se déployer, sans avoir d'objectif au-delà d'elle-même. Ce qui se passe en fait, ici comme dans l'ensemble de la vie humaine, c'est que le diable fausse et pervertit l'ordre naturel qui est bon. La Bible confère à l'homme le privilège de dominer la nature : elle lui impose aussi l'obligation d'établir un ordre politique dont le but est d'assurer la paix et la justice sur la terre pour servir Dieu et accomplir Ses desseins. À partir du moment où les objectifs de la politique prennent leur autonomie et deviennent des fins en soi, ils sont au service du diable.

Nous devons à saint Thomas d'Aquin le système conceptuel le plus admirable et le plus complet qui soit. Sans négliger ni mépriser les biens intermédiaires, les valeurs relatives et les causes secondaires, sans ouvrir la porte à la tentation théocratique, saint Thomas a donné leur juste place à toutes les formes de l'activité humaine – cognitive, politique, artistique ou technique. Ce système a pour clé de voûte la sagesse et la bonté divines, vers lesquelles toutes choses tendent naturellement comme à leur but suprême. Il n'y a pas de place dans cet ordre pour une séparation radicale entre la loi, au sens purement normatif du terme, et la loi comme régularité naturelle, pas plus qu'entre les règles qui concernent le bien et le mal et celles qui régissent la succession naturelle des événements : ces deux sortes de règles tirent leur validité des verdicts infaillibles d'un Être en qui coïncident la bonté et la sagesse. Même si nous pouvons, dans notre conduite, violer les règles du bien et du mal alors qu'il n'est pas en notre pouvoir d'enfreindre l'ordre naturel des choses, la validité de la loi reste entière dans les deux cas. Nous sommes

punis par l'ordre naturel si nous essayons d'oublier
ses lois, et nous sommes punis par Dieu si nous
manquons à Ses commandements. La loi naturelle
n'a pas de validité par elle-même : elle dérive de la loi
éternelle. Elle n'est que la façon dont la loi éternelle
se manifeste chez les êtres doués de raison. *Lex est
aliquid rationis*, pour reprendre la formule de saint
Thomas d'Aquin qui annonce ici Kant (*Somme théologique Ia, 2 ae, Qu. XCI, art. II*) ; et cette loi ne peut
être abrogée par le « cœur humain » (*ibidem Qu.
XCIV*).

Cette belle construction intellectuelle, qui situait
exactement toutes les activités humaines, y compris
la politique, dans la hiérarchie universelle, s'est
délitée de manière irréversible (du moins à ce qu'il
semble) et nous pouvons nous interroger un moment
sur la signification métaphysique de cet effondrement. Toute l'évolution de la modernité, depuis sa
naissance à la fin du Moyen Age, peut être interprétée
comme un mouvement progressif par lequel la politique, les arts, la science et la philosophie ont, par
étapes successives, acquis un statut autonome en se
libérant de l'autorité divine et du pouvoir clérical.
Chacune de ces disciplines a dû chercher ses propres
critères de validité, qu'elle tirait jusque-là de la tradition biblique et de l'enseignement de l'Église. Dès
lors, il n'a plus été possible d'en découvrir le fondement, ni de comprendre comment une activité
intellectuelle ou pratique pourrait produire *ex nihilo*
ses propres principes sans faire d'eux l'objet de choix
arbitraires ou capricieux, et donc sans conduire à la

conclusion que de tels principes n'existent pas. Ce dernier stade de la libération nihiliste a été pleinement atteint ensuite dans le domaine artistique, moins complètement en philosophie, et seules les sciences y ont échappé. Dans le domaine de la philosophie politique en tout cas, ce point de vue n'a jamais été unanimement accepté, même si les analyses de Machiavel et de Hobbes en sont très proches.

Il n'est pas étonnant que, selon l'enseignement chrétien et plus particulièrement augustinien, toute activité humaine qui acquiert son indépendance et prononce elle-même des jugements sur ce qui est bon, valable, excellent ou juste, tombe sous la coupe du diable. Car ces jugements relèvent désormais du libre choix de l'homme, choix qui, s'il n'est pas informé par la grâce, va naturellement vers le mal. Que, lorsque nous faisons le mal, nous cédions à une tentation diabolique réelle ou à la corruption de notre nature, il en résultera de toute manière un renforcement des puissances de l'enfer. Si l'art, au lieu de porter à la vertu et d'enseigner la vérité chrétienne, se réduit au pur amusement, à des recherches formelles, à la libre expression de la personnalité, ou encore s'il flatte les goûts impurs du public, il n'est plus seulement neutre sur le plan moral : il ne peut que servir le péché. Si le savoir séculier, au lieu de tenter de découvrir dans le monde la sagesse du Créateur, ne tient aucun compte de la vérité révélée et vise à satisfaire la curiosité humaine, il deviendra fatalement un instrument d'impiété. Aussi bien saint Bernard, dans

son traité sur les degrés de l'orgueil, définit-il la curiosité comme une des manifestations de cet horrible
péché (*De gradibus humilitatis et superbiae*, Migne,
Patr. lat., vol. CLXXXII, pp. 941-977), affirmation
qui n'a cessé d'être reprise dans toute la littérature
religieuse. Quant au mal inhérent à la politique séculière, il est d'une si aveuglante évidence au regard de
la sagesse chrétienne traditionnelle qu'il n'est pas
nécessaire de s'étendre sur ce sujet. Si l'univers politique n'a pas de fondement dans une loi naturelle
dérivant elle-même de la législation divine, il semble
évident qu'il n'y a aucune raison d'exalter la justice
(quel que soit d'ailleurs le sens de ce mot) plutôt que
l'injustice, et le lien social se réduit au déchaînement
de passions aveugles en conflit les unes avec les
autres. Dans cette hypothèse, la paix n'est plus qu'un
équilibre provisoire entre des forces purement méca-
niques, et la justice se ramène aux efforts inlassables
de chacune des parties pour arracher des concessions
à l'autre partie. Certes, les théoriciens politiques, une
fois écartés les Évangiles, ont toujours eu la possibilité
de recourir à leur cher Aristote – et ils n'ont pas
manqué de le faire. Mais Aristote, aussi vénéré qu'il
ait pu être par de nombreux philosophes tant chrétiens que non chrétiens, n'avait pas l'autorité divine,
n'était nullement infaillible, et chacun pouvait impu-
nément ne tenir aucun compte de ses avis.

Que cette façon de voir les choses n'ait cessé de
faire partie de la doctrine chrétienne, nous en trouvons la preuve dans d'innombrables documents

officiels ou semi-officiels et dans la masse considérable des livres consacrés à ce sujet par les auteurs
chrétiens. On pourrait soutenir que la philosophie de
Hobbes a représenté en quelque sorte un triomphe
du christianisme, puisqu'elle affirme que tous les
principes d'une politique normative sont condamnés
à disparaître à partir du moment où ils auront été
privés de leur fondement religieux et où, par conséquent, la société se réduira à un pur rapport de forces,
elles-mêmes gouvernées par la peur, l'avidité et la soif
de pouvoir, puisque telle est la loi du monde.

Si la suprématie de la loi divine dans tous les
domaines de la vie humaine, y compris le domaine
politique, constitue une partie intégrante de la
doctrine chrétienne, si aucun ordre politique ne peut
trouver de légitimité à moins d'être intimement lié à
un ordre divin qui règle toutes choses, si la vie sociale
enfin, privée de cette légitimité, tombe sans recours
dans les griffes de Satan, ne sommes-nous pas
amenés à penser que l'Église ne peut sans inconséquence renoncer à sa prétention à la suprématie sur
les autorités civiles, et même qu'elle devrait, pour
rester fidèle à sa doctrine, tendre à la théocratie par
crainte de capituler devant le prince du monde ?

Et s'il en est ainsi, que devons-nous penser des
récentes déclarations de l'Église et des papes qui,
surtout depuis le concile Vatican II, abandonnent
toute ambition théocratique, acceptent l'autonomie
de la science, et le reste à l'avenant ? Ne
représentent-elles pas simplement des concessions
faites par nécessité à l'esprit du temps, à la modernité,

et ne sont-elles pas en contradiction avec toute la tradition chrétienne ?

Certains théoriciens du droit naturel – je pense aux déistes et aux athées du XVIIe et du XVIIIe siècle – ont soutenu, il est vrai, que nous pouvons avoir du droit naturel une connaissance directe sans le secours de la Révélation, puisque ce droit renvoie à une intuition innée : nous connaissons immédiatement et d'instinct ce qui est bon ou mauvais, juste ou injuste, la nature ayant gravé ce type d'intuition dans notre esprit. Cela revient à dire que la présence de Dieu et de ses lois est sans rapport avec les principes de la justice, qui tiennent par eux-mêmes, indépendamment de l'existence ou de la non-existence d'un législateur suprême.

Cependant, cette croyance s'est heurtée tout à la fois aux plus simples arguments du scepticisme élémentaire et au fait – de plus en plus patent au fur et à mesure que les autres civilisations étaient mieux connues – que les notions de justice naturelle et de droit naturel ne sont nullement universelles dans l'espace et dans le temps, et que par conséquent nous ne pouvons pas tenir pour certain qu'elles sont gravées à jamais dans le cœur de l'homme.

Et de fait, dès lors que le combat des rois et des princes contre l'autorité papale ne se traduisait pas seulement par des mesures politiques pratiques, mais possédait également un fondement théorique, on a pu voir apparaître, chez les partisans de la politique séculière et de l'autonomie des autorités civiles, un certain embarras en face d'un ordre politique désormais dépouillé de sa légitimité céleste. De là est née l'idée que des gouvernants qui ne croient ni en Dieu ni en une autre vie ont tout intérêt à utiliser l'imagerie religieuse, les cérémonies, le clergé et les punitions divines pour servir leur cause et assurer l'ordre social. Cette thèse a été exposée avec beaucoup de clarté par Marsile de Padoue (*Defensor Pacis*, I, 5, 11) et, bien entendu, par Machiavel de façon plus catégorique encore (*Discours*, I, 11-15). C'est également celle de Hobbes et – de façon moins explicite mais non moins évidente – celle de Spinoza, qui soutenait en outre qu'il faut gouverner les hommes en leur donnant l'illusion de se gouverner eux-mêmes. Même Montesquieu déclare par la bouche d'Usbek que, si la justice ne reposait que sur des conventions humaines, il faudrait dissimuler cette vérité effroyable et même se la cacher à soi-même (*Lettres persanes*, ch. LXXXIII). Cet usage frauduleux de la religion à des fins politiques repose au fond sur l'idée que la plupart des hommes sont soit stupides, soit méchants, soit les deux à la fois et que, par conséquent, sans la peur de l'enfer, il n'est pas possible de brider leurs passions aveugles qui ne cessent de menacer l'ordre social. Tout en admettant que Dieu est le juge suprême, on considérait donc le diable, en tant qu'exécuteur de Ses verdicts, comme mieux à même d'impressionner l'imagination des hommes. Les philosophes politiques qui propageaient cette manière de voir partaient en somme de ce postulat : si le diable n'existait pas, il faudrait l'inventer.

Cela dit, la confirmation involontaire que ces maîtres totalement « laïques » apportaient à la thèse chrétienne traditionnelle – à savoir que la politique ne peut se passer d'une justification religieuse – ne signifiait pas que le prêtre ou le pape dût imposer sa loi à l'empereur ou au prince, mais, tout au contraire, que le prince devait payer des prêtres pour le servir. On considérait ainsi comme évident qu'un ordre politique solide ne peut pas exister sans protection divine, sinon réelle, du moins imaginaire : une sorte de théocratie perverse (qui n'était d'ailleurs pas une clérocratie) semblait avoir la faveur des plus implacables ennemis de l'Église.

Le mal, rançon de la liberté

Il ne faut cependant pas oublier l'autre aspect de la question. Le diable s'efforce – souvent avec succès – de changer le bien en mal, mais Dieu n'est pas inactif. Il sait déjouer les menées de Son ennemi et mettre le mal, la dévastation et la destruction au service de Ses propres desseins. Le diable a beau avoir réussi à ruiner le compromis qui maintenait la politique à sa place secondaire et dépouillait de sa validité le pouvoir de l'empereur à moins qu'il ne fût sanctifié par le pape ; il a beau avoir accordé l'indépendance et le droit à l'autodétermination à la politique, ainsi qu'à l'art, à la science et à la philosophie, ou du moins avoir tiré profit de leur indépendance : jamais pourtant ce monde déchiré n'a échappé à l'autorité divine.

Du désordre a surgi un nouvel ordre qui allait déjouer le complot de Satan et donner le signal d'une nouvelle phase du même combat.

Si nous voulons comprendre la façon dont Dieu procède, il nous faut garder présentes à l'esprit les raisons pour lesquelles il ne peut tout simplement ordonner au diable de disparaître, ni le mettre aux fers pour le rendre inoffensif. La réponse que la théodicée chrétienne ne cesse de donner depuis des siècles est que la raison et la capacité de faire le mal (c'est-à-dire la liberté) sont inséparables, et qu'en créant des créatures raisonnables – qu'il s'agisse d'hommes ou d'anges – Dieu se condamnait à en payer le prix.

Cette idée qui est au cœur de la théodicée a été clairement formulée par les premiers penseurs chrétiens. Elle est intégralement contenue, encore que de façon virtuelle, dans cette remarque de saint Basile le Grand disant dans une de ses homélies que blâmer le Créateur de ne pas nous avoir faits incapables de pécher revient à préférer une nature irrationnelle et passive à une nature rationnelle, active et libre (Migne, *Patr. gr.*, vol. XXXI, p. 346). Avant lui, Origène avait pareillement affirmé que si les hommes sont faibles, s'il leur faut souffrir et peiner pour survivre, c'est parce que Dieu a voulu exercer leur ingéniosité, leur adresse et leur intelligence, ce qui n'aurait pas été possible s'ils avaient pu jouir de l'oisiveté dans l'abondance (*Contra Celsum*, IV, 76). En bref, si la souffrance que la Nature inflige à l'humanité est une condition de son progrès, la souffrance que les hommes s'infligent les uns aux autres résulte de leur aptitude à faire le mal, aptitude qui fait inévitablement partie de leur liberté et, par là, de leur capacité à faire également le bien.

L'essentiel de la théodicée chrétienne se ramène à ceci : la création divine est un acte d'amour, et l'amour réciproque entre le Créateur et Ses créatures n'est concevable que si celles-ci sont des êtres doués de raison qui peuvent faire un bon usage de leur volonté. Si les bonnes actions sont faites par contrainte, elles ne sont nullement bonnes au sens moral du terme : la capacité de faire le bien volontairement implique la capacité de faire le mal. Le mal est donc une condition inséparable de l'idée même d'un créateur plein d'amour : sans le mal, la création n'aurait aucun sens. Même les théodicées les plus anciennes admettent implicitement que Dieu est tenu par les règles de la cohérence logique et qu'Il ne saurait produire des mondes contradictoires.

En d'autres termes, le cours du monde est, par l'effet d'une nécessité logique, un jeu dans lequel le bien et le mal ne cessent de se disputer la victoire. Que ce jeu doive finir par la victoire du bien, c'est naturellement à la Révélation qu'il revient de le promettre.

La politique et la modernité

Même si l'on se place dans l'hypothèse où c'est le diable qui, à force de patience et non sans peine, a privé l'Église de son pouvoir universel, puis, du moins en Occident, séparé la politique des institutions et des doctrines religieuses aussi bien sur le plan pratique que sur le plan théorique, il est naturel de s'interroger sur ce qu'a été la réaction de Dieu. En réalité, il n'est nullement évident que le diable soit le seul responsable de l'« autonomisation » de la politique. Il n'est pas douteux que l'évolution au terme de laquelle la politique, la science, l'art, la philosophie et la technique ont acquis leur indépendance et ont été amenés à construire leurs propres bases, au lieu de les recevoir toutes faites de la religion, a rigoureusement conditionné tous les succès et tous les échecs de la modernité. Le genre humain ne pouvait se développer pleinement qu'après s'être libéré de la tutelle de la religion. On pourrait donc dire, pour parler le langage chrétien, que tout cela revient à une nouvelle *felix culpa*, à une répétition de la faute originelle : si elle ne s'était pas produite, Adam et Ève seraient restés prisonniers d'une stagnation irrémédiable et auraient donné naissance à une race privée d'histoire et de créativité.

En accordant leur autonomie à tous les domaines de l'activité humaine, les Lumières n'ont pu empêcher le mal de se glisser dans chacun d'entre eux. Mais, en raison même de leur indépendance, ces domaines entrent inévitablement en conflit, ce qui produit une sorte d'équilibre métaphysique. La religion ne tente plus (en Occident du moins) d'imposer sa loi à la science, à l'art et à la politique. Du même coup, les diables qui avaient été répartis dans ces

domaines particuliers ne peuvent plus coopérer paci-
fiquement, mais sont obligés de travailler les uns
contre les autres.

A première vue, la politique apparaît évidemment
comme le terrain de chasse favori du diable (immédiatement après la sexualité), puisqu'elle est
directement responsable des guerres, des persécutions et de toutes les atrocités imaginables et
inimaginables que la lutte pour le pouvoir entraîne
avec elle. Le problème est que, dans l'Histoire, on ne
sait jamais avec certitude à qui attribuer la responsabilité ultime. L'art, la science et la philosophie
paraissent innocents par comparaison avec la politique, mais cette innocence pourrait bien être
trompeuse dans la mesure où leur action s'exerce sur
une période de temps beaucoup plus longue et où les
maux qu'ils occasionnent sont, de ce fait, généralement diffus, difficiles à identifier, incertains et
insaisissables. Les démons de la politique peuvent
très bien être simplets ou inexpérimentés, alors que
ceux qui travaillent dans les domaines des arts, de la
philosophie et de la science sont nécessairement
beaucoup plus malins, plus subtils et plus perspi-
caces. Le mal que font les tyrans et les conquérants
est voulu, aisément identifiable, et même en partie
mesurable. Mais qui pourra identifier et mesurer le
mal qu'ont fait (sans le vouloir), au cours des siècles,
la pensée des grands philosophes et des grands
artistes, les œuvres de Platon, de Copernic, de
Descartes, de Rousseau, de Wagner ? Quel talent ne
fallait-il pas pour empoisonner subtilement l'œuvre

de tous ces bienfaiteurs de l'humanité pétris de noblesse et d'intelligence, pour prévoir et pour orienter les changements que cette œuvre allait réaliser dans l'esprit des hommes et pour tirer parti de ces changements au bénéfice de l'enfer !

Le diable et la tentation théocratique

Ce qui précède pourrait faire penser qu'une tendance à la théocratie est en quelque sorte partie intégrante de la structure spirituelle du christianisme et que ce sont les forces du diable qui en ont eu raison par la suite. En fait, il n'est absolument pas certain ni même probable que les choses se soient passées ainsi.

En dépit de tout ce que nous savons sur les prétentions de l'Église au pouvoir temporel, le christianisme n'a jamais été d'essence théocratique au sens fort du terme. L'Église des martyrs ne l'était certainement pas : les chrétiens tendaient naturellement à se considérer comme une enclave étrangère dans le monde païen et à tenir les autorités séculières pour leurs ennemies naturelles. Mais même l'Église triomphante au sommet de sa puissance temporelle ne peut être à proprement parler qualifiée de théocratique. Assurément, le fameux document officiel qui évoque de plus près des ambitions de ce type et qui est couramment cité dans ce sens, à savoir la bulle *Unam Sanctam* de Boniface VIII (1302), affirme sans équivoque que l'épée matérielle doit être subordonnée à l'épée spirituelle, que les pouvoirs terrestres, s'ils s'écartent du bien, doivent être jugés par l'Église, que les hommes d'Église ne relèvent que de leurs supérieurs et que toutes les créatures humaines doivent obéissance au pape comme condition de leur salut. Ces prétentions ont pour base doctrinale la capacité illimitée de l'Église à définir ce que sont le péché et la vertu : dans tout ce qui touche au péché et à sa destruction – par l'épée si nécessaire –, les autorités civiles ont le devoir absolu de se mettre au service de l'Église. En pratique, l'étendue réelle des prétentions pontificales a toujours dépendu de circonstances historiques contingentes, et la signification même de l'expression « questions spirituelles » ne pouvait pas ne pas être ambiguë puisque la plupart des activités humaines comportent, au moins virtuellement, un aspect moral. Les deux formules « l'Église n'a pas de pouvoir en matière séculière » et « le pouvoir de l'Église s'exerce dans les matières spirituelles » semblent logiquement compatibles ou complémentaires, mais, comme il y a diverses manières de séparer ces deux domaines, nous savons bien que, pratiquement, ces formules entrent en conflit : ceux qui usent de la première veulent restreindre, voire abolir le pouvoir de l'Église, tandis que ceux qui adhèrent à la seconde veulent étendre ce pouvoir. Sur le plan théorique, tout dépend donc du critère par lequel on distingue le temporel du spirituel. Si l'on admet que notre conduite dans les affaires temporelles importe toujours d'une manière ou d'une autre à notre salut, les prétentions de la théocratie paraissent fondées.

En réalité, on peut soutenir non seulement qu'elles ne le sont pas, mais que ces tendances semi-théocratiques ont été introduites dans le christianisme par les sophismes du diable.

Même les plus anciennes prétentions au pouvoir séculier – qu'elles apparaissent dans des affirmations théoriques, comme la bulle papale qui vient d'être mentionnée et comme les écrits d'Aegidius Romanus, ou encore dans la pratique politique de la papauté, à l'époque d'Innocent III par exemple – n'étaient pas de nature théocratique à proprement parler : elles ne visaient nullement au remplacement des autorités royales, princières ou judiciaires par le gouvernement direct du clergé, et ne s'efforçaient pas davantage d'abolir la distinction entre les deux formes de pouvoir.

Le fondement scripturaire le plus souvent cité de la séparation des pouvoirs est, il va sans dire, la parole de Jésus : « Rendez à César... » (Mt. 22 : 15-22 ; Mc. 12 : 13-17). L'Évangile raconte comment Jésus a évité le piège qui lui était tendu par les Pharisiens, piège dont on voit facilement la nature : s'il répondait « Non, vous ne devez pas payer l'impôt », il se présentait ouvertement comme rebelle ; si au contraire il répondait « Oui, payez l'impôt », il devenait un fidèle sujet de Rome ou un collaborateur. Sa réponse ne pouvait donc être qu'ambiguë. Voir en elle une théorie générale définissant deux sources de pouvoir légitime indépendantes, ou partiellement indépendantes, constitue une exégèse très hasardeuse, et fausse de surcroît. En revanche, cette parole de Jésus est tout à fait dans la ligne de son enseignement si elle signifie : « Donnez à César les biens terrestres qu'il désire, car son pouvoir est de toute manière limité dans le temps par la venue imminente du Royaume de Dieu. César n'a pas d'importance : toute sa gloire va bientôt se volatiliser sans laisser de trace. » L'imminence de l'Apocalypse constitue la base permanente de la prédication de Jésus.

Ainsi donc, Jésus n'a légué à ses disciples ni aspiration à la théocratie, ni théorie fondant clairement la thèse de la double source de l'autorité, quelle qu'en soit la forme. Les règles morales qu'il prêchait étaient universellement valables : il était donc naturel que l'on attendît de ses successeurs des jugements moraux sur tous les sujets et dans tous les domaines de la vie, y compris la politique, la guerre, la sexualité, le commerce et le travail. Leur tâche était de dire ce qui est bien et ce qui est mal. Mais rien dans l'enseignement de Jésus ne leur permettait de réclamer des moyens de coercition ou de violence pour rendre effectives – directement ou indirectement – les règles fixées par leur maître. Au reste, faire le bien par contrainte est une contradiction dans les termes.

La réponse de l'Évangile

Le diable ne dort jamais : Dieu non plus. L'histoire de leur combat dans le domaine qui nous occupe peut être racontée comme suit.

Le diable est à l'origine de la persécution des chrétiens, mais cette attaque frontale s'est révélée contreproductive : conformément à leurs prédictions, le sang des martyrs a fertilisé le sol sur lequel l'Église allait grandir. Une fois que le christianisme eut remporté la victoire, le diable décida de le corrompre par la vaine gloire du pouvoir temporel et la tentation d'évangéliser le monde par la force. Il persuada l'Église qu'elle devait régenter les institutions politiques. Puisque, disait-il, Dieu seul doit être adoré et que le péché, qui consiste à adorer autre chose que Lui, doit être extirpé, l'activité politique ne peut avoir de buts propres, mais doit les demander à l'Église en s'inclinant devant ses verdicts. C'était là un paralogisme trompeur que le diable, il faut le reconnaître, a parfaitement réussi à faire adopter par le christianisme. Pourtant, son succès n'a pas été total. Le christianisme comportait des garde-fous qui l'ont empêché d'aspirer à la théocratie intégrale. L'un de ces garde-fous était le contresens dont il vient d'être question sur la réponse de Jésus aux Pharisiens. Cette fausse interprétation conduisait à penser que la politique séculière possède une légitimité dans son propre domaine et, partant, dispose d'une certaine marge d'autonomie. L'interprétation la plus plausible selon moi aurait constitué une barrière plus forte encore, mais l'interprétation courante était efficace, elle aussi. L'autre garde-fou contre la ruse du diable était la ferme croyance des chrétiens en l'existence du diable, du mal et du péché originel. La théocratie est une utopie chrétienne, ou plutôt pseudo-chrétienne,

le rêve d'un monde parfait édifié sur terre sous l'autorité de l'Église et destiné à anéantir le péché, du
moins dans sa réalité « extérieure ». Mais le double
héritage de l'Évangile et de l'Église des martyrs était
là pour barrer la route aux illusions de l'utopie. Il
enseignait que le sang des martyrs serait versé ici ou
là jusqu'à la fin des temps et que le mal ne peut être
supprimé, quelque force qu'on lui oppose : un
paradis terrestre – moral ou matériel – avant la venue
du second n'est que le fruit superstitieux de la
vanité humaine.

Au surplus, il y a dans le rêve théocratique, implicitement ou explicitement, la vision d'une humanité
qui en a fini avec la contingence, le hasard et la
liberté, l'idée d'une perfection immobile qui priverait
les hommes de la possibilité de pécher, et par conséquent de la possibilité d'être libres : car les deux
termes sont inséparables dans la doctrine chrétienne.
La relative autonomie de la politique doit être
acceptée comme faisant partie de l'irréductible
imperfection humaine. Tenter d'abolir cette imperfection par la force serait la source de maux
incomparablement plus grands. L'Église a beau être
infaillible en tant que corps mystique, tout homme
d'Église pris individuellement est faillible et pécheur.
Et il en est de même de l'Église en tant qu'institution
terrestre : la concentration de tous les pouvoirs entre
ses mains serait un désastre à la fois pour le progrès
humain et pour le christianisme lui-même. Bien
entendu, le diable n'ignorait rien de tout cela. Après
tout, sa première intervention de l'ère chrétienne,

vers l'an 30 après Jésus-Christ, avait été de tenter
Jésus par la vision de la splendeur et de la royauté
terrestres. Jésus n'a pas succombé, mais il n'est pas
douteux que la plupart des hommes l'auraient fait.

Il reste que la dérive théocratique a été forte,
même si elle n'a jamais été totale : elle prenait racine
non dans la doctrine ou dans une mauvaise lecture de
l'Évangile, mais dans le fait que, à la suite d'un
certain nombre d'accidents historiques, le pouvoir
séculier se trouvait dans les mains de l'Église.

La Réforme et les Lumières

Ainsi, la troisième phase de la bataille qui devait
ouvrir de nouvelles voies au développement humain
allait se caractériser par une dispersion progressive du
pouvoir et par une indépendance toujours plus
grande de la politique et des autres champs d'activité
ouverts à l'énergie humaine. C'était là un jeu dangereux. Dieu a eu recours à une tactique qu'Il avait
maintes fois éprouvée lorsque, comme nous le savons
par l'Ancien Testament, Il infligeait à Son peuple des
désastres et des guerres conduites par les ennemis
d'Israël, qui étaient aussi les Siens. Au reste, notre
modernité ne Lui laissait apparemment pas d'autre
choix, à partir du moment où Il refusait, comme Il
l'avait toujours fait, d'améliorer les hommes en les
privant de leur liberté. Une fois de plus, il Lui a fallu
punir nos iniquités en faisant faire le travail par Ses

propres ennemis, c'est-à-dire les philosophes des Lumières.

La première mission des Lumières était de libérer la politique des chaînes de la religion. Mais puisque la religion elle-même, en assumant des responsabilités politiques aussi nombreuses et en s'emparant d'un tel pouvoir, s'était laissé de plus en plus contaminer par des intérêts séculiers, et puisqu'elle s'était engagée toujours davantage dans les aventures militaires, les intrigues diplomatiques et l'acquisition de biens matériels, l'autre aspect de la même mission était de purifier le christianisme et de le ramener à ce qui est sa fonction propre. Ce rôle allait être joué à l'intérieur de l'Église par la Réforme. Une fois de plus, nous retrouvons les deux faces de la même médaille.

Comme on pouvait s'y attendre, le diable n'a pas manqué d'intervenir énergiquement et efficacement sur les deux plans à la fois. De l'intérieur des Lumières, d'abord, son plan était de convaincre les hommes que ce n'était pas assez d'arracher la politique aux autorités religieuses et de séparer l'Église de l'État, mais que le progrès de l'humanité consistait à liquider complète-ment l'héritage de la religion, au besoin par la violence. Il a donc donné aux Lumières une orientation anti-chrétienne et, aidé par bon nombre de distingués et vertueux penseurs, élaboré l'idée d'un humanisme se définissant essentiellement par l'athéisme. Par là, il ouvrait la voie à l'idée d'une politique qui ne serait que pure rivalité pour le pouvoir, désormais considéré comme le bien suprême, ce qui allait bien au-delà de la tradition aristotélicienne.

Mais ce n'était encore que la moitié la plus facile et la plus simple du travail du diable. Parvenir à saboter et à exploiter à son profit un christianisme idéal débarrassé de toute pollution séculière et revenu à sa pureté originelle était une tâche bien plus rude. Néanmoins, le diable a su relever le défi.

La nostalgie de l'innocence de la foi apostolique et des commencements immaculés de la Nouvelle Ère avait constitué l'essentiel du message des hérésies populaires du Moyen Age : elle inspira également la Réforme. Et ce que la Réforme est devenue allait montrer comment le diable a su reprendre à son compte les slogans apparemment irréprochables d'une Église pauvre, d'une Église qui ne prétend pas à la puissance et à la gloire en ce monde.

C'est ce qu'on a pu voir quelques années seulement après l'éclatante entrée de Luther dans l'histoire de l'Europe.

Puisque l'objet du christianisme est le salut de chacun et puisque, selon Luther, le salut est assuré par la foi qui est elle-même un don de Dieu, puisque enfin ni les prêtres, ni le pape, ni l'Église dans son ensemble n'ont le pouvoir de remettre les péchés – or, tout ce que nous faisons sans la foi est péché –, il semble naturel de conclure que l'Église visible est inutile et qu'il vaudrait mieux la supprimer. Plusieurs réformateurs radicaux ont en effet tiré cette conclusion et, comme Luther n'allait pas aussi loin, l'ont taxé d'inconséquence. Dans un premier temps, Luther ne pensait qu'à amender la conscience des chrétiens et semblait penser que ce monde, irrémédiablement corrompu et gouverné par Satan, n'était pas disposé à se réformer. Une fois qu'il eut décidé de le réformer malgré tout, il fut contraint à des compromis. Aucun matériau, en effet, n'est parfaitement malléable : si l'on veut en travailler un pour en tirer l'objet qu'on désire, il faut prendre en compte ses caractéristiques immuables et, au lieu de chercher à lui donner sa forme idéale, en imaginer une autre qui soit réalisable ; bref, trouver un moyen terme entre le produit dont on rêvait et la matière réelle sur laquelle on travaille. Autrement dit, il faut abandonner le « tout ou rien » et essayer d'améliorer le monde, en admettant implicitement qu'il peut être amélioré et que, tout compte fait, il n'est pas irrémédiablement corrompu. Il reste que, tout en acceptant la nécessité de l'Église visible, la Réforme de Luther a brisé la continuité que lui assurait la protection divine : en abandonnant le sacrement de la prêtrise et la succession apostolique, elle a fait de cette Église un simple rameau de la vie séculière. On aboutissait ainsi à la conclusion que l'Église doit être subordonnée aux autorités séculières, et c'est ce qui s'est effectivement produit par la suite.

Le diable remportait ainsi une énorme victoire. Après s'en être pris dans un premier temps aux compromissions du christianisme avec les passions et les intérêts terrestres, ainsi qu'au pouvoir séculier de l'Église, la Réforme en est arrivée pour finir à l'idée perverse d'une théocratie inversée : elle a fait de l'Église la servante des autorités séculières !

Ce n'est pas tout. Poser le principe d'une Église nationalisée, c'était aussi – revers de la médaille – sanctifier les autorités séculières et leur conférer une dignité divine. Et cette sanctification du pouvoir séculier avait un caractère global, comme le montre le célèbre opuscule de Luther sur les autorités civiles, qui date de 1523. De toute évidence, l'État n'a pas seulement besoin d'artisans et de paysans, mais aussi de bourreaux, de juges et de soldats : il n'est donc pas plus déshonorant d'être bourreau que cordonnier. Avec une impeccable logique, Luther soutient que, si Jésus-Christ n'a pas été cordonnier ni bourreau, c'est uniquement parce qu'il avait autre chose à faire. En d'autres termes, on pourrait parfaitement imaginer que Jésus-Christ ait exercé la profession de bourreau ! (Son père terrestre était charpentier et il est tout à fait vraisemblable que Jésus, avant d'entreprendre sa mission en Galilée, a été lui aussi charpentier. Or c'est un métier extrêmement respectable : alors pourquoi pas bourreau ?)

Ce n'est pas tout. La Réforme n'a pas seulement sécularisé le christianisme comme institution, elle l'a sécularisé aussi comme doctrine. C'était la frapper en plein cœur : jamais ses fondateurs n'auraient pu imaginer une abomination pareille. Cette fois, le succès du diable a été vraiment spectaculaire. Voici comment il a procédé.

Pour restaurer la pureté première de la vie chrétienne, la Réforme a catégoriquement refusé de voir dans la tradition, représentée par les déclarations dogmatiques des papes et des conciles, une source

distincte d'autorité placée immédiatement après celle
de la Bible : les Écritures étaient désormais considé-
rées comme la seule norme de la foi. Mais la question
se posait alors de savoir qui est autorisé à interpréter
la Bible. En principe, tout homme, s'il écoute la voix
de l'Esprit saint, est en mesure de le faire. Mais alors
l'Église, en tant que communauté organisée, est
condamnée à disparaître puisque chacun, y compris
les hérétiques et les possédés du démon, pourra
prétendre à une révélation ou à une inspiration particulières et qu'aucune règle contraignante ne pourra
plus être établie. Il en résulte que les exégètes, ne
pouvant plus s'appuyer sur une autorité ecclésias-
tique qui s'était formée sans la moindre discontinuité
au cours de l'Histoire, ne disposent plus pour interpréter la Bible que de leur raison, par ailleurs
condamnée comme corrompue et dominée par le
diable. Au bout du compte, en totale opposition avec
son intention première, la Réforme a produit
l'affreuse idée d'une religion naturelle : elle est
devenue le terreau du déisme et du rationalisme.
Dans son *Histoire des variations des Églises protestantes*,
chef-d'œuvre de la Contre-Réforme, Bossuet a admirablement éclairé ce point :

« Le vrai Tribunal, dit-on, c'est la conscience où
chacun doit juger les choses par le fond, et entendre
la vérité par lui-même : ces choses, encore une fois,
sont aisées à dire. Melanchthon les disait comme les
autres ; mais il sentait bien dans sa conscience qu'il
fallait quelque autre principe pour former l'Église…
Fallait-il laisser une porte ouverte à qui se voudrait

dire envoyé de Dieu ?... Quoi qu'on fasse, il faut
revenir à l'autorité qui n'est jamais assurée, non plus
que légitime, quand elle ne vient pas de plus haut, et
qu'elle s'est établie par elle-même... » (Bossuet,
Histoire des variations des Églises protestantes, Paris
1691, t. 1, pp. 400, 401). « S'il (Melanchthon) l'avait
bien compris, jamais il n'aurait imaginé que la vérité
pût être séparée du corps où se trouvait la succession
et l'autorité légitime » (ibid., t. 1, p. 424). « La cause
des variations que nous avons vues dans des sociétés
séparées, est de n'avoir pas connu l'autorité de
l'Église, les promesses qu'elle a reçues d'en haut, ni
en un mot ce que c'est que l'Église même. Car c'était
là le point fixe sur lequel il fallait appuyer toutes les
démarches qu'on avait à faire, et faute de s'y être
arrêtés, les hérétiques curieux ou ignorants ont été
livrés aux raisonnements humains, à leur chagrin, à
leurs passions particulières » (*ibid.*, t. 4, p. 132).

En d'autres termes, le diable a réussi le tour de
force de transformer la Réforme en philosophie des
Lumières ! Pour écarter les risques inhérents à la
théocratie – c'est-à-dire à la fois la corruption du christianisme par le pouvoir séculier et l'étouffement de la
créativité humaine –, Dieu était obligé, semble-t-il, de
distendre la relation qui liait la religion à la politique et
de donner à la seconde une certaine autonomie, sinon
morale, du moins institutionnelle. Le diable a pris le
contrôle de cette évolution en l'engageant dans deux
directions qui allaient ultérieurement se rejoindre : il a
encouragé la nationalisation de la religion (c'est-à-dire

sa sécularisation, voire sa ruine) et il a donné à la philosophie des Lumières une orientation violemment
antireligieuse, obligeant par là la politique à créer ses
propres règles *ex nihilo* et la réduisant à n'être que pure
soif du pouvoir.

L'aléthéiocratie ou la dernière ruse du diable

Pourtant le résultat n'était pas encore satisfaisant
aux yeux du diable. Pour réaliser son dessein, il lui
avait fallu encourager la liberté : or, la liberté est de
nature divine, bien qu'elle puisse être utilisée par le
diable et quoi que Luther ait pu en penser. Ne comp-
tant plus que sur elle-même, la politique allait
désormais se fonder sur le *consensus* et non plus sur la
vérité. C'est là une des pierres angulaires de la démocratie : le consensus n'implique nullement que ceux
qui y participent soient les heureux propriétaires de
la vérité. La majorité doit gouverner, non parce que
la majorité a raison mais parce qu'elle est la majorité :
aucune autre condition n'est exigée.

Ce n'est pas du tout ce que le diable avait en vue.
En dépit de ce qu'il attendait probablement (et logiquement), le fait que la politique ait à construire ses
propres bases, au lieu de les tirer des commandements de Dieu, l'a rendue moins cruelle et non pas
plus cruelle (il est vrai qu'il peut se consoler en
pensant que cette conséquence désagréable a été le
résultat de l'énergie résiduelle de l'héritage religieux :

je laisse de côté la question de savoir si cette explication est valable ou non). Et le don divin de la liberté
a eu plus d'occasions, et non pas moins d'occasions,
de grandir et de s'affirmer.

Le diable a dû alors trouver une riposte et il a
inventé l'idée la plus ingénieuse qui ait jamais été
imaginée. C'est la quatrième phase du combat qui se
joue en ce siècle sous nos yeux.

Le diable a décidé de revenir à la vieille notion
d'une politique fondée sur la *vérité*, et non plus sur le
contrat ou le consensus. Il a inventé les États idéologiques, c'est-à-dire les États dont la légitimité est
fondée sur l'idée que ceux qui en sont les maîtres
possèdent la vérité. Si vous vous opposez à un tel État
ou au système politique qu'il représente, vous êtes un
ennemi de la vérité. Le père du mensonge a donc
utilisé l'idée de vérité comme une arme redoutable
mise à son service. La vérité par définition est universelle, elle n'est pas liée à un État ou une nation. Une
nation, un État n'est plus seulement une nation, un
État qui s'efforce d'affirmer ses intérêts particuliers,
de se défendre, de s'étendre, de faire des conquêtes,
de construire un empire, etc. L'État, la nation devient
le véhicule de la vérité universelle, à peu près comme
au temps des anciennes Croisades.

Pour reprendre une expression des théologiens du
Moyen Age, le diable est *simia Dei*, « le singe de
Dieu ». L'État idéologique de son invention est une
caricature de la théocratie. En fait, le nouvel ordre
s'est révélé encore plus rigide, encore plus fermé que
tous les anciens États chrétiens, puisque, supprimant

toute distinction entre les autorités séculières et les autorités religieuses, il identifie le pouvoir spirituel et le pouvoir temporel ; et le diable ne lui a pas conféré seulement le pouvoir de contraindre et d'éduquer, mais la totalité des biens de la nation, y compris la nation elle-même. La théocratie – ou plutôt l'alé-théiocratie, le gouvernement de la vérité – a atteint à un certain moment une forme presque parfaite.

Naturellement, cela a changé la nature de la guerre. Depuis la Seconde Guerre mondiale, la plupart des guerres ont pour enjeu la vérité universelle, c'est-à-dire qu'elles sont devenues des guerres civiles. Comme dans les guerres civiles, le combat n'a plus de lois : les prisonniers sont souvent massacrés ou contraints sous peine de mort de se ranger aux côtés de leur ennemi d'hier. Cela n'est plus une trahison, puis-qu'ils ne font qu'abandonner l'erreur pour la vérité et que reconnaître la vérité, c'est se convertir ou accéder à la Lumière. Le concept même de trahison a changé : il ne s'applique plus qu'à ceux qui abandonnent le camp de la vérité.

Le diable semble avoir remporté un éclatant succès en mettant en œuvre sa nouvelle invention, mais tout laisse penser que son triomphe sera de courte durée en dépit de toutes les horreurs que son dernier stratagème historique a provoquées. Des États idéologiques sont apparus et nombre d'entre eux ont montré une étonnante vitalité. Mais il est clair qu'ils sont désormais sur le déclin. En appa-rence, ils sont toujours l'incarnation de la vérité, et ils en tirent le principe d'une légitimité. Mais chaque

fois qu'ils veulent donner à leur peuple un motif
d'action, ils ne font pas appel à la raison universelle,
mais au sentiment national, à la gloire de l'Empire, à
la *raison d'État* ou à la haine raciale ; et cela est particulièrement manifeste dans les États idéocratiques
communistes. Ils obtiennent des succès dans une
certaine mesure, mais leurs succès mêmes révèlent le
grotesque intervalle qui sépare la réalité des mots qui
la travestissent. Que leur vérité soit truquée est devenu
patent, et de manière irréversible. Cependant, reconnaître ce qu'ils sont réellement équivaudrait pour eux
à un désastre. Ils tentent donc gauchement de mettre
en œuvre des solutions intermédiaires, bref de replâ-
trer la crise.

   Bien entendu, le diable a encore d'autres tours
dans son sac. Sans cesser de construire les forteresses
de la vérité, il tente subrepticement de réintroduire
la vérité dans les institutions démocratiques comme
alternative au contrat et au consensus. Il s'empare du
principe de majorité et il le dénature en lançant l'idée
séduisante que la majorité comme telle a raison et
qu'elle a par conséquent tous les droits, y compris
celui d'abolir le principe majoritaire lui-même. C'est
là, nous le savons bien, un vrai problème. Une constitution démocratique peut-elle, si la majorité en
décide ainsi, se supprimer ? Peut-elle être abrogée,
en d'autres termes se suicider, en conformité avec ses
propres principes (question analogue : un pape
peut-il déclarer infailliblement qu'il n'est pas
infaillible ?). Beaucoup de gens se sont penchés sur
cette question, de Carl Schmitt (je veux dire avant

qu'il ne devienne nazi) à James Buchanan. Si la majorité a raison en tant que telle, cette éventualité n'est nullement à exclure, puisque la minorité, que l'erreur habite par définition, mérite d'être détruite.

Je ne pense pas que le diable réussira dans l'une ou l'autre des deux stratégies qu'il a adoptées pour en finir avec la liberté, c'est-à-dire pour abolir l'existence humaine. Les hommes ont besoin de sécurité intellectuelle, c'est vrai, et cela les rend perméables à la tentation diabolique d'un ordre fondé sur l'idéocratie. Mais ils ont également besoin de rester des hommes et donc d'user de leur liberté pour mettre l'ordre en question, révoquer en doute toute vérité quelle qu'elle soit et s'aventurer dans les domaines inexplorés de l'esprit. Le besoin de sécurité n'est pas spécifiquement humain : ce qui l'est, c'est de prendre le risque d'explorer l'inconnu. Relisons Clausewitz : « Bien que notre intellect soit toujours en quête de clarté et de certitude, notre esprit est souvent attiré par l'incertitude... Il préfère rester par l'imagination au royaume du hasard et de la chance. Au lieu de vivre ici-bas dans la pauvreté du nécessaire, il s'épanouit dans l'abondance des possibles ; stimulé, le courage se donne alors des ailes ; l'audace et le danger forment l'élément dans lequel il se lance comme un nageur intrépide plonge dans le courant... Ainsi, il reste partout une marge pour l'accidentel, aussi bien dans les plus grandes choses que dans les plus petites. De même que, d'un côté, il y a place pour l'accidentel, de même le courage et l'assurance doivent être présents de l'autre côté pour combler l'intervalle. » (*De la guerre*, I, 22).

Clausewitz connaissait bien son sujet. Ce qui s'applique aux guerres qui opposent les États s'applique aussi aux guerres entre le bien et le mal qui se déroulent dans l'Histoire. Il est bien possible que cette guerre ne finisse jamais parce que, par notre nature même, nous soutenons l'un et l'autre camp. Si la phase actuelle, que nous venons de décrire, est sur le point de se terminer par la défaite du diable et par l'échec de ses desseins, on peut être assuré, connaissant son intelligence, qu'il saura ouvrir à son énergie de nouvelles voies. Mais il serait puéril de spéculer sur ses inventions futures.

Cette confrontation sans fin ne saurait constituer un plaisir de l'intelligence. Saint Augustin a certes écrit dans *La Cité de Dieu* (XI, 18) que Dieu « embellit le cours de l'histoire du monde par le genre d'antithèses qui donne sa beauté à un poème… Il y a dans la composition de l'histoire du monde une beauté qui naît des oppositions de contraires – une sorte d'éloquence, non plus des mots mais des événements ». Hegel a fait de la dialectique de l'Histoire une symphonie du même genre. Après ce dont nous avons été témoins en ce siècle, nous sommes plutôt enclins à penser que chercher dans le grandiose panorama historique cette sorte de plaisir esthétique et intellectuel équivaut à trouver du charme au chant du taureau de Phalaris (selon la légende, le tyran de Sicile Phalaris possédait un taureau d'airain à l'intérieur duquel ses ennemis étaient lentement brûlés

vifs, taureau si ingénieusement construit que les
affreux hurlements de ses victimes donnaient naissance, par une astuce acoustique, à une agréable
mélodie : Kierkegaard a rappelé cette légende en
maintes occasions). Non, le combat que Dieu et le
diable se livrent dans l'Histoire n'est pas un joyeux
spectacle. La seule consolation que nous ayons tient
au simple fait que nous ne sommes pas des observateurs neutres ou des victimes passives de cette lutte,
mais que nous y participons et que par conséquent
notre destin se joue sur le lieu même de notre engagement. Conclusion banale, certes, mais qui, comme
beaucoup de vérités banales, vaut la peine d'être
répétée.

(*Traduit de l'anglais par Nadia Antonini*)

Ce qui est vivant
(et ce qui est mort)
dans l'idéal social-démocrate

Dire que partout dans le monde la social-démocratie ne signifie pas seulement un groupe de pression politique exprimant les aspirations et les revendications des travailleurs, des exclus, des opprimés, mais aussi l'espoir d'une communauté humaine plus harmonieuse, cela ne prête pas à la controverse, mais n'éclaire pas beaucoup, non plus, la question. L'ennui, avec la doctrine social-démocrate, c'est qu'elle ne contient, ni ne propose, aucun des excitants produits idéologiques que les mouvements totalitaires – communistes, fascistes ou gauchistes – offrent à une jeunesse affamée de rêve.

Elle n'a pas de solution ultime à toutes les calamités de l'existence, ne prescrit rien pour le salut définitif de l'humanité, elle ne peut pas promettre le feu d'artifice de la révolution finale pour régler à jamais tous les conflits et toutes les luttes. Elle n'a pas inventé de procédés miraculeux pour instaurer l'union parfaite entre les hommes ou la fraternité universelle ; elle ne croit pas à une victoire finale, facile sur le mal. Elle n'est pas divertissante ; elle est difficile, ingrate, et elle ne souffre pas d'aveuglement volontaire.

Elle requiert l'engagement sur un certain nombre de valeurs de base – liberté, égalité des chances, une économie orientée par la puissance publique vers les besoins humains, et elle exige des connaissances concrètes et des calculs très précis car nous devons aller aussi loin que possible dans l'analyse de l'environnement historique et économique dans lequel ces valeurs doivent s'accomplir. Elle repose sur une volonté obstinée de détruire, centimètre par centimètre, les facteurs qui produisent des souffrances évitables : l'oppression, la faim, les guerres, les haines raciales et nationales, la cupidité insatiable et la jalousie vindicative. Cependant, elle est consciente des limites étroites dans lesquelles cette lutte peut être menée, des limites imposées par le cadre même de l'existence humaine, par d'innombrables accidents historiques et par diverses forces qui ont donné forme, pendant des siècles, aux institutions sociales qui sont les nôtres, aujourd'hui.

La doctrine social-démocrate admet cette incontournable vérité que beaucoup des valeurs qu'elle honore se limitent l'une l'autre et qu'elles ne peuvent se réaliser qu'à travers des compromis, souvent pénibles et maladroits.

Le conflit des valeurs

Toutes les institutions relatives au bien-être et à la Sécurité sociale, tous les organismes de planification économique, tous les instruments permettant un usage plus rationnel de la terre et des ressources naturelles, la prévention du gaspillage et de la pollution, ne peuvent être mis en place qu'au prix d'une bureaucratie étatique grandissante et de restrictions imposées à l'autonomie d'unités économiques et régionales plus petites.

Personne ne sait comment on pourrait éviter de payer ce prix, mais les protestations contre le Super-État que l'on entend dans l'ensemble du monde démocratique prouvent que ce prix est lourd. Pourtant, la social-démocratie est prête à soutenir deux idées : celle de la planification et celle de l'autonomie, et elle a raison ; elle a raison aussi longtemps qu'elle garde sans cesse présent à l'esprit que ces deux principes s'opposent l'un à l'autre, et qu'ils ne seront jamais réalisés pleinement dans aucune société concevable. Elle ne doit donc pas promettre des mesures qui prétendraient fournir à la fois l'efficacité d'une centralisation poussée et la liberté de la décentralisation.

Il est clair que des conflits semblables sont inévitables pour la plupart des valeurs que nous chérissons.

Quel que soit l'effroi que provoque la vue des désastres naturels causés par l'homme, qui mettent en péril à la fois et l'avenir des hommes et l'existence des oiseaux, des poissons et des arbres, nous ne devons pas oublier que les seuls slogans écologistes, isolés de la complexité de la vie moderne, ne peuvent aboutir à des propositions rationnelles en matière d'organisation économique et de réformes politiques. Il en va de même de l'idée de la croissance économique définie comme l'objectif suprême ou exclusif. Ramener la pollution à zéro est, à l'évidence, impossible sans la destruction radicale de la civilisation et, par là même, de l'essentiel de la race humaine, puisque sa survie repose largement sur l'industrie. La lutte contre la pollution implique un calcul rationnel des risques, des gains et des pertes. Étant admis que nous devons nous soucier d'abord de la survie de l'homme et, ensuite seulement, de celle de la baleine, l'idéologie qui sacralise la nature est incapable d'affronter le défi de l'économie moderne. D'autre part, les slogans écologistes peuvent être, et ils le sont en fait, exploités à des fins de manipulation de l'opinion, en vue de buts politiques qui n'ont que des rapports très marginaux avec le bien-être des papillons, pour ne pas parler de celui des gens.

Parmi les valeurs que recouvre l'idéal social-démocrate, même celle de la règle majoritaire ne peut être acceptée comme un principe absolu. Elle doit être limitée par le principe des droits inaliénables des individus qu'aucun verdict d'une majorité ne peut abolir. Le concept de démocratie ne serait qu'une dérision s'il impliquait que n'importe quelle décision endossée par une majorité est acceptable, que, par exemple, 51 % d'une population agit démocratiquement si elle décide de massacrer les 49 % qui restent.

Si nous acceptions le principe d'une règle majoritaire inconditionnelle comme signe suffisant de démocratie, le régime d'Hitler qui, pendant un temps, a incontestablement bénéficié du soutien de la majorité, apparaîtrait comme une démocratie modèle, de même que toutes les dictatures populistes ou parapopulistes qui, d'abord, prétendirent représenter la majorité et, ensuite, ne la représentèrent plus qu'à titre de postulat, indéfiniment maintenu pour la simple raison que leurs adversaires avaient été massacrés ou réduits au silence.

Il nous faut admettre que le principe de la règle majoritaire doit être modéré par le principe des droits de l'individu sur lesquels aucune majorité ne peut empiéter, et que le concept des droits de l'homme s'impose indépendamment des décisions de la majorité.

La liberté

La valeur de liberté doit être placée au cœur de la doctrine social-démocrate, parce que sans elle, toutes les autres valeurs sont vides et sans force.

Exprimons cela autrement : la social-démocratie défend la liberté à la fois parce que c'est une valeur en elle-même, le plus précieux trésor de la vie, et parce qu'elle est la condition grâce à laquelle la plupart des objectifs qu'elle poursuit peuvent être atteints. Il est parfaitement vain de parler d'égalité en l'absence de liberté car l'un des biens les plus précieux dans le monde d'aujourd'hui est le libre accès à l'information et la participation au pouvoir, deux choses qui sont refusées à la majorité dans les systèmes despotiques, totalitaires ou autres.

C'est donc une pure absurdité de dire, par exemple, qu'à Cuba ou en Chine, « les gens ont moins de liberté mais plus d'égalité » : ils n'ont ni l'une ni l'autre, à part la distribution de l'aide sociale et l'accès à de rares biens matériels. Et, heureusement pour nous, les libertés civiles sont la condition nécessaire d'une production efficace ; l'esclavage est économiquement efficace seulement durant les premières phases du développement économique, et l'esclavage politique est un obstacle considérable à la productivité.

C'est une vérité de bon sens, en même temps qu'abondamment confirmée par l'expérience des États communistes, qu'un système politique caractérisé par des barrières à l'information, alourdi par l'obsession du secret, utilisant le critère de la servilité politique dans la promotion des cadres dirigeants, et n'ayant pas à répondre aux besoins et aux souhaits de la population, excepté sous la menace de révoltes désespérées, est condamné à une insuffisance chronique en matière de production de richesses. Ayant concentré un énorme pouvoir sans responsabilité – une accumulation de pouvoir dépassant tout ce qu'on a connu dans l'histoire – la classe dirigeante, par l'effet même de sa position, engendre une mauvaise gestion permanente et un immense gaspillage. Dès lors, les tentatives visant à mettre sur pied un système de planification totale se terminent fatalement par un chaos complet.

La classe ouvrière, adulée dans les slogans et tenue en respect par l'appareil policier, n'a ni le pouvoir ni des raisons morales ou économiques de venir en aide à l'économie malade. De même que les pouvoirs économique et politique de la classe exploiteuse des régimes communistes se soutiennent l'un l'autre, de même l'esclavage politique et l'esclavage économique de la classe laborieuse s'épaulent mutuellement. L'avantage économique dont cette société bénéficie consiste à être capable de conserver le secret sur ses défaillances, ou sur certaines d'entre elles, en produisant des statistiques truquées, ou pas de statistiques du tout.

La propension au mensonge n'est pas un défaut accidentel du communisme : il est la condition absolue de sa santé, de sa vie, beaucoup plus que dans le cas des tyrannies non-totalitaires. On a affaire, ici, à un régime qui est censé être dirigé par une idéologie dont il tire sa légitimité et qui a des prétentions à l'universalisme et à une « finalité ultime » ; ainsi, tous les domaines de l'existence, tous les événements passés et présents doivent être décrits comme des étapes de la marche triomphante vers ce but. Un système qui ne veut laisser aucun domaine de la vie de l'homme, y compris sa mémoire, hors de son contrôle, est obligé d'appliquer l'immense machinerie du mensonge à toutes les formes d'expression et de donner des noms trompeurs à tout ce qu'il produit.

Encore qu'il soit vrai que parmi les valeurs de la social-démocratie la liberté est la condition des autres, il est erroné d'appliquer le mot de liberté à tout ce dont les gens ont besoin ou qu'ils réclament.

Ne pas étendre indûment le concept de liberté

Le champ de la liberté est défini comme l'espace dans lequel les individus peuvent prendre des décisions à leur gré, sans être restreints par la loi, et bien qu'il soit évident que la liberté de décider est sans effet pour ceux dont les choix sont, de toute façon, déterminés par l'absence de pouvoir matériel, le degré de pouvoir ne doit pas être confondu avec la marge de liberté. La liberté dépend négativement de la loi et non pas positivement du pouvoir. Pour ceux qui n'ont pas les moyens de voyager, la liberté des voyages internationaux n'a guère de sens, c'est certain. Pourtant la possibilité matérielle de voyager, pour importante qu'elle puisse être, ne procède pas de la liberté. Il existe de nombreuses revendications justifiées qui ne découlent pas de la liberté et dont on ne devrait pas dire qu'elles en dépendent. Si conscients que nous soyons des catastrophes sociales causées par un chômage massif – gaspillage économique, criminalité, souffrances humaines – le fait de travailler est une condition permettant aux personnes d'utiliser leur liberté dans des sens différents ; il n'est pas, en lui-même, une liberté. Il n'y a pas de chômage dans les camps de concentration, mais les camps de concentration ne deviennent pas, par cela même, des lieux de liberté. La suppression obligatoire du chômage par les travaux forcés ne mérite guère d'être saluée comme un pas de géant dans le combat pour la liberté. En bref, il y a de nombreuses exigences tout à fait fondées qui ne doivent pas être confondues l'une avec l'autre ; cette confusion délibérée est utilisée comme une arme idéologique permettant de glorifier l'oppression et la violence.

Un autre cas de confusion de concepts sur lequel il n'est peut-être pas besoin de s'arrêter car il a fait, récemment, l'objet de critiques multiples, est la distinction Gauche-Droite.

La distinction Gauche-Droite

Il est, de nos jours, assurément difficile de trouver des gens pour prendre à leur compte, explicitement, la vieille formule stalinienne selon laquelle on mesure l'appartenance de quelqu'un à la gauche par son attitude envers l'Union soviétique. Néanmoins, ces étiquettes sont encore employées largement sans que personne nous fournisse des critères intelligibles sur la façon dont elles doivent être comprises, et ces étiquettes semblent donner à penser que le monde des idées, des mouvements, des régimes politiques, forme un spectre continu dans lequel chaque unité peut être située en fonction des composants « de Gauche » ou « de Droite » qu'elle contient. Des États

et des mouvements politiques variés sont, quasi automatiquement, « de Gauche » (ou « Marxistes ») s'ils
obtiennent des armes soviétiques ; d'autres sont
étiquetés « de Droite » dès qu'ils veulent se débarrasser du joug étranger, s'il apparaît que ce joug est
celui de l'U.R.S.S. Il est facile de noter la persistance
de ces absurdes vieux clichés dans le jargon journalis-
tique du monde entier.

Par conséquent, à la question : « De quel côté êtes-
vous, à gauche ou à droite ? », il doit être répondu par
une autre question : « Que voulez-vous dire en me
demandant si je suis du côté de la gauche ? Me
demandez-vous si je suis du même camp que les
gardiens du Goulag et les envahisseurs de la Tchécoslovaquie ? Si je suis du même côté que les policiers
qui, il y a deux ans, ont sauvagement torturé des
centaines d'ouvriers polonais et qui quelques années
plus tôt avaient massacré un nombre encore inconnu
de dockers dans les ports de Pologne pour se venger
sauvagement de leurs protestations contre une
pauvreté croissante ? Ou me demandez-vous si je suis
du côté de ces terroristes allemands qui, à bord d'un
avion détourné, désignèrent au massacre tous les
passagers portant des noms juifs ? Ou du côté des
"libérateurs" cambodgiens qui réussirent à transformer leur pays tout entier en un camp de
concentration, après avoir assassiné tous ceux qui
étaient soupçonnés d'être instruits ? »

La réponse ne peut être que : « Vous plaisantez ! »
Je ne suis pas du même côté et je me fiche éperdu-
ment d'être dit « de gauche », si cela signifie applaudir

ou excuser la violence, l'oppression, les tortures, l'exploitation et les invasions, pourvu que les bourreaux et les exploiteurs obtiennent leurs armes d'une source antiaméricaine, ceci étant le critère idéologique implicite. »

La conclusion est simple : ou bien la distinction a perdu toute signification reconnaissable, ou bien elle doit être redéfinie entièrement, et n'être appliquée qu'aux mouvements politiques et aux comportements qui se situent à l'intérieur du segment démocratique du spectre politique, en excluant sans ambiguïté tous les mouvements terroristes, les idéologies totalitaires, les régimes policiers et militaires, quel que soit le nom qu'ils s'attribuent.

Il n'y a pas de tortures réactionnaires ou progressistes, des camps de concentration de Gauche et des camps de Droite, une censure d'oppression et une censure de libération. C'est pourquoi les mouvements antitotalitaires non-violents qui se font jour dans les pays dominés par les Soviétiques, vont au-delà des catégories « Gauche-Droite ». Leurs revendications sont fondées sur le principe des Droits de l'Homme qui ne peut être défini en termes empruntés à cette distinction anachronique.

Ceci nous conduit à la question souvent débattue du double critère d'appréciation des régimes politiques.

La question du double critère

Il ne s'agit pas d'exprimer des revendications chimériques, en exigeant qu'on n'applique pas de critères politiques à des actions politiques. Ce qui pourrait être exigé, par contre, c'est que les critères politiques n'apparaissent pas sous le déguisement de normes morales. Les gens qui se définissent eux-mêmes comme appartenant à la soi-disant tradition de Gauche, sont, dans l'ensemble, plus coupables de recourir au double critère, non parce qu'ils sont naturellement immoraux, mais parce que leurs réflexes collectifs les rendent plus hypocrites, parce qu'ils ont toujours employé un langage moraliste, tandis que dans de nombreux pays l'*establishment* conservateur a beaucoup moins prétendu être guidé par des idéaux moraux, et a admis plus librement son souci de la « *Realpolitik* », de la « Raison d'État » et du commerce.

Les gouvernements qui font des affaires avec à la fois le Chili et l'Union soviétique, ne peuvent pas être accusés de pratiquer le double critère. Les moralistes de Gauche qui manifestent devant les ambassades d'Afrique du Sud et d'Iran, et qui semblent croire que le Viêt-nam et l'Albanie débordent de vertus démocratiques, apparaissent grotesques. Si transparente que soit la position de ceux qui affichent leur indignation morale en fonction de leurs allégeances politiques, il est vrai, d'un autre côté, que notre souci du comportement interne de divers régimes est généralement inspiré, également, par des considérations d'un autre ordre.

Le récent bilan de différentes dictatures d'Amérique latine a été, on peut le soutenir, pire que celui d'États communistes européens dans des domaines aussi essentiels que l'ampleur des tortures et des assassinats ordonnés par le gouvernement. En termes de Droits de l'homme, l'évaluation est assez claire. Cependant, une différence non négligeable entre l'Uruguay et l'U.R.S.S., c'est que le régime uruguayen, si abominable qu'il puisse être, ne représente pas une menace d'expansion à l'échelle mondiale, appuyée par un puissant appareil militaire.

Nous admettons – et je crois fermement que c'est là un élément traditionnel de l'approche social-démocrate – qu'aucun pays dans le monde ne peut prétendre que son régime politique, si oppressif qu'il soit, est à l'abri des regards de l'extérieur. Non, nous avons à la fois le droit et le devoir de ne pas laisser les oppresseurs tranquilles sous prétexte qu'ils invoquent le principe de la non-ingérence. Cette disposition à nous conduire comme des intrus ne doit évidemment pas souffrir d'exception. Dans le cas du système soviétique nous avons, cependant, des raisons supplémentaires de nous montrer discourtois. À la différence de l'Uruguay, de l'Afrique du Sud ou, pour cet aspect, de l'Albanie et du Cambodge, le régime intérieur de l'U.R.S.S. est, de toute évidence, lié à une insatiable soif impérialiste de domination. Il lui est indiscutablement essentiel de conserver sa propre population dans l'ignorance, la peur, l'isolement, si on veut l'utiliser comme un outil passif dans des desseins de caractère impérialiste, si, par exemple, on a besoin de soldats qui, comme dans le cas de la Tchécoslovaquie il y a quatorze ans, soit ignoraient dans quel pays ils se trouvaient, soit étaient

persuadés qu'ils avaient été envoyés dans une Tchécoslovaquie ayant appelé à l'aide, face à une
imminente invasion par des « fascistes allemands ».
Dans le monde d'aujourd'hui, le régime intérieur
soviétique est probablement le plus puissant facteur
susceptible, à lui seul, de déclencher une guerre
universelle (ce qui ne signifie pas que cela corres-
ponde à l'intention réelle de ses gouvernants).

La responsabilité de l'Occident

C'est pourquoi nous, peuples de ces plaines quelque
peu exotiques du Centre et de l'Est de l'Europe, nous
sommes profondément convaincus qu'en dénonçant le
despotisme soviétique, et en nous opposant à lui, nous
défendrons non seulement l'intérêt régional de pays
incorporés par la force dans un empire de prédateurs,
en conséquence de l'accord de Yalta, mais encore un
ordre mondial plus juste et plus sûr. Les Européens
de l'Est savent parfaitement que l'Occident, ou
l'Amérique à elle seule, ne dispose pas de moyens miraculeux d'imposer des changements aux régimes
oppressifs et de renverser sur-le-champ la situation de
pays à qui on a volé leur indépendance nationale et leurs
institutions démocratiques. Ce qu'ils attendent de
l'Amérique, ce n'est pas des miracles, mais un projet
stratégique cohérent. Projet stratégique ne signifie en
aucune manière programme belliqueux. Cela signifie
une politique à long terme qui recherche un ordre
global sans risquer une guerre globale ; en d'autres

termes : l'usure de l'expansionnisme le plus agressif, l'encouragement par tous les moyens non violents à la diversité et à l'hétérogénéité à l'intérieur des dépendances soviétiques, l'ouverture d'un accès à la vérité pour les peuples qui ont été jetés dans l'esclavage spirituel. En raison (et non pas en dépit) du fait que la question de savoir comment éviter le danger d'une guerre globale et comment esquisser un plan de désarmement réalisable doit avoir une priorité absolue, il est d'une importance capitale que les pays démocratiques exercent une pression pacifique, mais ferme et sans relâche, pour parvenir à une désintégration progressive des régimes totalitaires.

Que tant de problèmes locaux acquièrent presque automatiquement une signification globale est un fait auquel nous ne pouvons échapper, et il est clair que l'Amérique ne peut se débarrasser de la responsabilité de l'ordre mondial qu'elle a aidé à façonner pendant des décennies. La tendance au repli sur soi s'exprime parfois dans des slogans tels que : « le combat pour la démocratie commence chez nous ». De tels slogans pourraient être acceptables pour autant qu'ils expriment simplement la règle triviale selon laquelle les problèmes de politique extérieure ne doivent pas servir de prétexte pour négliger ou abandonner, à l'intérieur, un ordre juste et démocratique. Souvenons-nous, cependant, que durant la seconde guerre mondiale, le même slogan a été lancé pour expliquer pourquoi les États-Unis ne devaient pas entrer en guerre. A cette époque, ce slogan signifiait : laissons Hitler avaler l'Europe entière, le nazisme et l'Europe ne sont pas notre affaire. Peu importe ce qui se cache derrière ce slogan, l'étroitesse de vue constante, et apparemment incurable, du grand capital ou les inhibitions gauchistes démodées des groupes de pression « libéraux ». Dire que puisque nous ne sommes pas nous-mêmes des saints, nous devrions oublier l'oppression qui existe ailleurs, revient à dire : oublions l'oppression. Or, si la social-démocratie signifie quelque chose, c'est précisément qu'il ne faut pas se résigner à cet oubli.

Déclin de la civilisation occidentale ?

Je suis un de ceux qui ne voient pas pour quelle raison ils devraient accorder du crédit aux prophètes qui annoncent le déclin de la civilisation occidentale, la ruine des institutions démocratiques, et le retour victorieux de la barbarie. Cependant, je crois profondément que la récession qui nous menace est spirituelle plutôt qu'économique. En d'autres termes, que les racines du désarroi qui règne dans les sociétés d'abondance ouvertes se situent dans notre esprit plutôt que dans le prix du pétrole. La dégradation mondiale des systèmes d'éducation et l'incertitude qui pèse sur leur finalité est un symptôme particulièrement éloquent de ce désarroi. Certains aspects de cette confusion peuvent s'expliquer par notre incapacité à affronter des changements qui, par ailleurs, sont nettement positifs : le développement stupéfiant de la connaissance et l'extension rapide de la scolarisation. Mais il y a des raisons de soupçonner que beaucoup plus de choses sont en cause : un manque de confiance parmi les anciennes générations dans les valeurs intellectuelles et morales dont nous avons hérité, et par conséquent la perte d'une ferme volonté de transmettre ces valeurs à nos successeurs.

Cela peut sembler impertinent que quelqu'un comme moi qui ne suis qu'un observateur superficiel et occasionnel de la scène occidentale, fasse des commentaires sur ce sujet, encore que des tendances comparables puissent être enregistrées dans beaucoup de régions hautement développées du monde. Quand j'ai eu l'occasion de faire, pour la première fois, un long séjour aux États-Unis, à la fin des années 60, ce qui m'avait frappé, c'est que, au cours des discussions, alors fréquentes, au sujet du rôle social de l'école, rien ne semblait certain, sauf une chose : c'est que l'école n'a pas pour objet de donner aux élèves un savoir et des capacités intellectuelles. Soit dit en passant, ce dédain extrême pour la connaissance et les armes de la logique – pour tout ce qu'on ne peut acquérir qu'à travers un travail long et discipliné et qui ne peut être transformé en amusement – était alors appelé de façon assez grotesque « libéralisme », comme si le libéralisme consistait en une ignorance pleine d'auto-satisfaction ou comme s'il reflétait spécifiquement l'idéologie des enfants gâtés de l'*upper-middle class*. Il est consolant, pourtant, que de nos jours on entende de plus en plus la voix de gens qui sont parvenus à cette conclusion que la théorie

désuète selon laquelle « le devoir des écoles est
d'enseigner » n'était pas, après tout, entièrement
absurde.

Toutefois les racines sont plus profondes que cela.

Il y a apparemment accord pour estimer que le
processus d'auto-mutilation spirituelle de la jeunesse
dont nous avons été témoins, à la fin des années 60
n'est pas terminé bien que ses formes se soient modi-
fiées, et qu'il résulterait de l'effondrement du système
de valeurs que la jeunesse avait hérité de nous. On ne
peut pas éprouver de satisfaction dans le fait que, par
la suite, cette rupture trouva des exutoires puérils,
absurdes, et parfois barbares, ou qu'elle s'exprima en
termes politiques à travers le discours pitoyable de la
Nouvelle Gauche qui n'avait pas de solution ni
d'alternative à offrir. Sous la camelote idéologique se
cachait un réel désespoir. La drogue, le faux mysti-
cisme, les rêveries révolutionnaires étaient les
principales fausses cures pour une maladie réelle
qu'on ne peut nier en soulignant simplement l'inefficacité des médicaments. C'était les trois moyens de
s'évader d'un monde auquel les jeunes sentaient
qu'ils ne pouvaient plus s'adapter.

Il est certain qu'aucun parti ou mouvement politique ne peut prétendre avoir trouvé une thérapie
victorieuse du vide moral. On ne peut imposer aux
gens des idéaux ou des mirages fabriqués artificiel-
lement. En fin de compte, les nouvelles générations
doivent rechercher par elles-mêmes des chemins
pour redécouvrir les formes de vie porteuses de sens.
Les mouvements politiques, excepté les totalitaires,

ne sont de toute façon pas capables de fournir des solutions aux préoccupations métaphysiques et religieuses ; ils ne devraient pas essayer de répandre leurs idées dans une sorte de vision du monde embrassant tous les phénomènes avec des catéchismes préfabriqués. Ils ne doivent pas, néanmoins, esquiver la question : qu'est-ce qui n'a pas fonctionné et qu'est-ce qui fonctionne mal dans le code de valeurs qui nous a été inculqué ? Pourquoi tant de gens estiment-ils que ces valeurs n'aident pas à vivre ? Ce qui signifie : pourquoi ne sont-ils pas prêts à mourir pour elles ?

La réponse ne sera peut-être pas hors de notre portée si nous sommes préparés à voir la question sous tous ses angles. Il pourrait se faire, après tout, que la plupart de nos valeurs ne soient ni mortes, ni vieillies, même si elles furent probablement mal hiérarchisées, et qu'il existe des solutions viables, mis à part le retrait du monde, la mise en sommeil de la raison, ou le naufrage dans le désespoir (trois aspects de ces fausses cures que je viens de mentionner).

Nous devrions admettre que nous n'avons pas de recette pour créer un monde parfait, que nous ne possédons pas le secret du bonheur, ni la clé de l'énigme de l'univers et que, pourtant, nous sommes peut-être capables de produire des choses plus modestes et d'atteindre des buts plus modestes, susceptibles de donner un sens à la vie. Dans le monde tel qu'il est, plein de misère, de famine et d'oppression, ceci au moins semble être clair : ni les moyens techniques seuls, ni les mesures politiques seules, ne suffisent à faire naître l'espoir d'un ordre pacifique et plus équitable. Il y a besoin de quelque chose de plus, qui ne peut pas être un sous-produit d'améliorations institutionnelles ou techniques : la réorientation des valeurs individuelles et collectives.

C'est là, il faut le reconnaître, une généralité qui n'entraîne pas encore des propositions bien définies et réalisables. Mais cette généralité suffit à lancer un défi permanent à la social-démocratie, si elle entend rester à la hauteur de ses meilleures traditions et de son nom même.

Dans la perspective d'événements qui secouent le monde, comme la révolution en Iran ou le tremblement de terre en Pologne, une observation finale s'impose.

Le désarroi idéologique

Tous les principaux événements politiques des trois dernières années devraient, à mon avis, être considérés comme des symptômes spectaculaires du désarroi idéologique croissant et de l'incertitude dans toutes les parties du spectre politique occidental, qu'on les classe « à Gauche » ou « à Droite ». Il n'y a pas de logique discernable dans les changements électoraux. Au cours des récentes années, nous avons été témoins de la victoire des « *Tories* » en Grande-Bretagne, de la victoire du président Reagan aux États-Unis, de la victoire des socialistes en France (due pour une bonne part au déclin communiste), et maintenant en Grèce, des pertes des socialistes en

Norvège et à Berlin-Ouest, de l'éclatement violent du parti travailliste britannique. Est-ce que le monde se déplace « vers la Gauche » ou « vers la Droite » ? La question a, je le répète, perdu toute signification identifiable (le shah de Perse était un terrible « homme de droite », d'où il faut déduire que les mollahs représentent la « Gauche » éclairée, etc.). Toutes les idéologies politiques traditionnelles sont atteintes d'une maladie grave et peut-être mortelle, toutes sont devenues de plus en plus nébuleuses, de moins en moins en rapport avec les brûlantes questions de notre époque. Les identités politiques d'antan (être communiste, socialiste, libéral, anarchiste, conservateur) sont encore définies par bon nombre de formules qui ne résistent pas à l'examen, étant soit dépourvues de sens, soit produisant visiblement des effets contraires à ce qu'elles prétendent dire.

Il est clair que l'idéal socialiste traditionnel est parmi les victimes de l'impuissance idéologique générale. Dès qu'on presse ses adeptes d'expliquer son contenu en termes généraux et non en termes relatifs aux conflits internationaux en cours, il se révèle invariablement qu'on peut le réduire à une unique médecine universelle applicable à tous les maux humains : l'État devrait tout nationaliser. Ils ne nient pas, si on les presse avec suffisamment de force, que cette thérapie a été, en fait, appliquée à plusieurs reprises, et que pour des raisons évidentes, le résultat, partout sans exception, a été le despotisme totalitaire, mais ils continuent à nous promettre que eux feront mieux, en raison des titres démocratiques dont ils se prévalent. On sait qu'ils préfèrent parler plus souvent de justice sociale, mais où de nos jours peut-on trouver un mouvement politique, une idéologie, un parti, un leader qui soit opposé à la « justice sociale » ?

Quant à l'idéal social-démocrate, il convient de relever la curieuse histoire du mot. Il fut un temps où il n'existait pas de distinction claire entre un socialiste et un social-démocrate. Le parti de Lénine portait l'étiquette « social-démocratique » avant la révolution russe, et en Pologne la même appellation avait été adoptée par le rejeton extrémiste du mouvement socialiste : la « Social-Démocratie du royaume de Pologne et de Lithuanie », le précurseur direct du parti communiste. Après la Première Guerre mondiale, et, en fait, jusqu'à une date récente, les socialistes aussi bien que les sociaux-démocrates – pour autant que la distinction eût un sens – se définissaient eux-mêmes clairement par opposition au totalitarisme communiste, soulignant leur attachement à la défense des institutions démocratiques et de la tradition culturelle européenne menacées par l'expansion du soviétisme. Cela a changé. On peut le constater de façon particulièrement évidente dans la politique de l'Internationale socialiste qui, au cours des dernières années, a consacré ses efforts à soutenir tout ce qui dans le monde se trouvait être « antiaméricain » (ou antiisraélien), alors qu'elle évitait soigneusement tout mouvement qui pouvait provoquer le déplaisir des dirigeants de l'empire soviétique. L'antiaméricanisme est ainsi devenu le principal produit idéologique de consommation courante de l'Internationale (pas de tous les partis concernés, bien sûr, et pas au même degré). De temps à autre, les délégués des partis au pouvoir dans des pays communistes (où les mouvements socialistes ont été détruits par la violence policière) sont salués comme « frères », et quelquefois même comme « camarades », dans les congrès socialistes. De ce fait, la vieille distinction entre « socialistes » et « sociaux-démocrates » commence à réapparaître et à retrouver sa justification.

La social-démocratie, je le répète, ne prétend pas détenir la solution à tous les problèmes humains ou être l'heureux véhicule d'une idéologie embrassant tout et expliquant tout ; elle n'est pas un « programme » universel destiné à être appliqué dans toutes les parties du monde. Elle est une approche des problèmes sociaux qui est délimitée, selon moi, par quelques règles générales (négatives et positives) :

1) adhésion sans équivoque aux valeurs démocratiques d'une société ouverte, constitutionnelle ;

2) adhésion sans équivoque à l'État protecteur, en d'autres termes : l'acceptation d'un système d'assurances national couvrant les besoins élémentaires de tous ;

3) reconnaissance expresse du fait que les options du libéralisme intégral et du totalitarisme sont pires que les maux qu'elles prétendent soigner ;

4) engagement à promouvoir l'idée de l'égalité des chances par un effort éducatif, mais non par l'accroissement des restrictions policières ou des réglementations bureaucratiques ;

5) adhésion à la cause des laissés pour compte, des personnes âgées, des malades, des pauvres, des opprimés, et non à la cause des aspirants dictateurs qui tentent seulement de renverser les institutions existantes pour exercer un pouvoir despotique.

La distinction entre la social-démocratie et tous ceux qui se définissent eux-mêmes comme des militants d'une « gauche » socialiste devrait être claire.

Rien de ceci ne signifie que l'idée social-démocrate elle-même n'est pas empoisonnée par des ambiguïtés, et que les solutions qu'elle offre avec une assurance capable d'auto-critique ne sont pas elles-mêmes problématiques. Mais elle ne repose sur aucun dogme et ne promet aucun *millenium*. Elle n'est que le plus sûr moyen politique trouvé à ce jour de traiter les problèmes explosifs qui se posent dans un monde dangereux et en danger.

(*Traduit de l'anglais par* Commentaire)

Comment être
« socialiste-conservateur-libéral »
Credo

Avancez vers l'arrière s'il vous plaît ! Telle est la traduction approximative d'une injonction que j'entendis un jour dans un tramway de Varsovie. Je propose d'en faire le mot d'ordre d'une puissante Internationale qui n'existera jamais.

Un conservateur croit fermement :

1) Que, dans la vie des hommes, il n'y a jamais eu et il n'y aura jamais d'améliorations qui ne soient payées de détériorations et de maux ; aussi, lorsqu'on envisage un projet de réforme tendant vers un mieux, il faut en déterminer le prix. En d'autres termes, il y a compatibilité entre des maux innombrables (ce qui signifie que nous pouvons les subir de front et simultanément), alors que des biens nombreux se limitent ou s'annulent mutuellement : par conséquent, nous n'en jouirons jamais pleinement en même temps. Une société sans égalité ni liberté d'aucune sorte peut parfaitement exister, mais non pas un ordre social où régnerait une égalité et une liberté absolues. De la même règle procède la compatibilité entre la planification et le principe d'autonomie, la sécurité et le progrès technique. Autrement dit, il n'y a pas, en histoire, de *happy end*.

2) Que nous ne savons pas si diverses formes traditionnelles de vie sociale – comme les rituels familiaux, la nation, les communautés religieuses – sont nécessaires pour rendre la vie en société tolérable ou même possible. Cependant, il n'y a pas de raisons de croire que, en détruisant ces formes ou en dénonçant leur caractère irrationnel, nous augmentons nos chances de bonheur, de paix, de sécurité ou de liberté. Nous ne pouvons pas savoir de façon certaine ce qui se passerait si, par exemple, la famille monogamique était supprimée, ou bien si la coutume consacrée par le temps qui nous fait enterrer les morts était remplacée par un recyclage rationnel des cadavres à des fins industrielles. Nous serions bien avisés, pourtant, d'en attendre le pire.

3) Que l'idée fixe de la Philosophie des Lumières – à savoir, que l'envie, la vanité, la cupidité et l'instinct d'agression ont toujours pour causes des institutions sociales défectueuses, et disparaîtront lorsque ces institutions auront été réformées – n'est pas seulement tout à fait invraisemblable et contraire à l'expérience, mais extrêmement dangereuse. Comment toutes ces

institutions ont-elles pu voir le jour si elles étaient tellement contraires à la nature profonde de l'homme ? Nourrir l'espoir que l'on pourra institutionnaliser la fraternité, l'amour, l'altruisme, c'est préparer à coup sûr l'avènement du despotisme.

Un libéral croit fermement :

1) Que l'idée ancienne selon laquelle la finalité de l'État est la sécurité garde toute sa valeur. Elle garde sa valeur même si l'on étend la notion de *sécurité* jusqu'à inclure non seulement la protection des personnes et des biens par la Loi, mais aussi tout un dispositif d'assurances garantissant qu'un homme ne peut pas mourir de faim s'il se trouve privé de travail, que les pauvres ne peuvent pas être condamnés à périr faute de soins médicaux, et que les enfants ont accès à l'éducation gratuite. Ces obligations font également partie de la *sécurité*. Celle-ci, néanmoins, ne devrait jamais être confondue avec la *liberté*. L'État ne garantit pas la liberté par une action positive, ou en réglementant divers domaines de l'existence, mais en ne faisant rien. En réalité, la *sécurité* ne peut se développer qu'aux dépens de la *liberté*. En toute hypothèse, faire le bonheur des gens n'est pas le but de l'État.

2) Que les communautés humaines sont menacées non seulement de stagnation, mais encore de régression, lorsqu'elles se trouvent organisées de telle

manière qu'il n'y a plus place pour l'initiative indivi-
duelle et la faculté de création. Le suicide collectif de
l'humanité est concevable, mais une fourmilière
humaine permanente ne l'est pas, pour la simple
raison que nous ne sommes pas des fourmis.

3) Qu'il est hautement improbable qu'une
société dans laquelle toute forme de compétitivité a
été anéantie puisse conserver les stimulants nécessaires à la faculté de création et au progrès.
Davantage d'égalité n'est pas une fin en soi, mais
uniquement un moyen. En d'autres termes, la lutte
pour davantage d'égalité n'a pas de sens si elle se
traduit simplement par l'abaissement des privilégiés,
et non pas par l'élévation des défavorisés. L'égalité
parfaite est un idéal qui se retourne contre lui-même.

Un socialiste croit fermement :

1) Que les sociétés où la recherche du profit est
le seul facteur de régulation du système de production sont menacées de catastrophes aussi pénibles –
et peut-être même davantage – que les sociétés où le
stimulant du profit a été entièrement rayé du nombre
des forces régulatrices de la production. Il existe de
bonnes raisons de restreindre la liberté des activités
économiques dans un souci de sécurité, et d'empêcher que l'argent produise automatiquement
davantage d'argent. Mais les restrictions apportées à
la liberté devraient être appelées par leur nom, et non

pas présentées comme une forme supérieure de liberté.

2) Qu'il est absurde et hypocrite de conclure qu'une société parfaite et exempte de conflits étant impossible, l'inégalité sous quelque forme qu'elle existe est inévitable, et toutes les façons de réaliser un profit sont justifiées. Ce pessimisme anthropologique typiquement conservateur qui a conduit à l'étonnante conviction qu'un impôt progressif sur le revenu est abominable et inhumain, est tout aussi suspect que l'optimisme historique qui a servi de base à l'Archipel du Goulag.

3) Que la tendance à soumettre l'économie à d'importants contrôles sociaux devrait être encouragée, même au prix d'une extension de la bureaucratie. De tels contrôles, cependant, doivent s'exercer dans le respect des règles de la démocratie représentative. Ainsi, il est essentiel de prévoir des mécanismes contrebalançant la menace que fait peser sur la liberté le développement de ces contrôles eux-mêmes.

Pour autant que je puisse en juger, ces idées directrices ne se contredisent nullement. On peut donc être un socialiste-conservateur-libéral, ce qui revient à dire que ces trois qualificatifs représentent désormais des options qui ne s'excluent pas mutuellement.

Quant à la grande et puissante Internationale que je mentionnais au début, elle n'existera jamais parce qu'elle ne peut promettre aux gens qu'ils seront heureux.

(Traduit de l'anglais par Franck Lessay)

Note de l'éditeur

Les articles de Leszek Kolakowski qui composent ce volume ont précédemment paru dans la revue *Commentaire*, dans l'ordre suivant :

Comment être « conservateur-libéral-socialiste », n° 4, Hiver 1978-1979, p. 455.

Où sont les barbares ? Les illusions de l'universalisme culturel, n° 11, Automne 1980, p. 363.

Pologne : réfutation de trois arguments « irréfutables », n° 17, Printemps 1982, p. 49.

Ce qui est vivant (et ce qui est mort) dans l'idéal social-démocrate, n° 18, Été 1982, p. 289.

La politique et le diable, n° 41, Printemps 1988, p. 51.

À travers des ruines mouvantes, n° 62, Été 1993, p. 227.

Note conjointe sur le communisme et le nazisme, n° 82, Été 1998, p. 367.

La métaphysique et l'expérience du mal. Leibniz et Job, n° 114, Été 2006, p. 301.

Religion, n° 121, Printemps 2008, p. 131.

La préface d'Alain Besançon qui ouvre ce volume a initialement paru dans le numéro 127 de l'automne 2009 de *Commentaire*.

Table des matières

Mise en page par Pixellence
59100 Roubaix

Ce volume,
publié aux Éditions Les Belles Lettres,
a été achevé d'imprimer
en juin 2017
sur les presses de
l'imprimerie de la Source d'Or
63039 Clermont-Ferrand

N° d'éditeur : 8603
N° d'imprimeur : 19681
Dépôt légal : juin 2017